IJS 서울대학교 일본연구소
Reading Japan 1

봉인된 디아스포라

Exodus to North Korea Revisited

재일조선인의 '북한행 엑서더스'를 다시
생각한다
The Repatriation of Ethnic Koreans from Japan

저자 테사 모리스 스즈키(Tessa Morris-Suzuki)
감수 남기정(서울대학교 일본연구소 교수)
번역 박정진(서울대학교 일본연구소 HK연구교수)

Publishing Company

책 을 내 면 서

서울대 일본연구소가 〈리딩재팬〉 시리즈로 인사를 드립니다. 〈리딩재팬 Reading Japan〉은 '스피킹 재팬 Speaking Japan'을 문자로 기록한 시리즈입니다.

저희 일본연구소는 세계와 소통하는 연구거점으로 거듭나기 위해, 세계의 저명한 연구자와 다양한 분야의 전문가를 초청하여 각종 강연회를 개최하고 있습니다.

강연회는 현대 일본의 복잡다단한 동향과 일본연구의 세계적 쟁점을 보다 생생하고 신속하게 발신하는 형식입니다. 하지만 '말'을 기억하는 힘은 역시 '글'에 있습니다. 이 작은 책자들 속에는 한 귀로 흘려버리기에 아까운 '말'들을 주워 담았습니다.

〈리딩재팬〉은 일본의 정치, 외교, 경제, 역사, 사회, 문화, 교육 등에 걸친 쟁점들을 글로벌한 문제의식 속에서 알기 쉽게 풀어내고자 노력합니다. 강연회에서 논의된 다양한 주제들을 대중적으로 확산시키고, 일본연구의 사회적 소통을 넓혀나가는 자리에 〈리딩재팬〉이 함께 하겠습니다. 앞으로도 많은 관심을 부탁드립니다.

차 례

◆ 책을 내면서 / 03

서울대학교 일본연구소
Reading Japan **1**

강연록

귀국자들이 일본을 떠날 때의 감정은 매우 다양하고도 복잡했다. 대부분 귀국자들의 고향은 한반도 이남이었고, 그들이 향하고 있던 북한은 한 번도 가본 적이 없던 낯선 땅이었다. 하지만 많은 이들이 북한에서의 새로운 삶에 대한 기대와 희망을 품고 있었다.

봉인된 디아스포라

: 재일조선인의 '북한행 엑서더스'를 다시 생각한다

Exodus to North Korea Revisited
: The Repatriation of Ethnic Koreans from Japan

Tessa Morris-Suzuki

1. 귀국문제 그리고 '귀국자'

지금으로부터 약 반세기 전, 재일조선인들의 북한으로의 집단적 귀국행렬이 절정에 달하고 있었다. 마을과 도시 곳곳에서는 귀국환송회가 열리고, '귀국자'들은 짐을 꾸리거나 니가타 행 열차에 타기 위해 분주하게 움직이고 있었다. 니가타 항은 적십자국제위원회(이하 ICRC)에 의해 귀국에 대한 '자유의지 확인'을 포함한 다양한 공식절차가 이루어지는 곳이자, 조선민주주의인민공화국 청진항으로 향하는 소련제 선박이 정박하고 있던 곳이었다. 1959년 12월에 개시되어 1984년 7월 완료되기까지,

귀국사업(한국에서는 '북송사업')[1]이라는 이 긴 여정에는 1960년 한해만 해도 49,000명 이상이, 그리고 전 기간 동안 93,340명의 인파가 참여했다.

귀국자들이 일본을 떠날 때의 감정은 매우 다양하고도 복잡했다. 대부분 귀국자들의 고향은 한반도 이남이었고, 그들이 향하고 있던 북한은 한 번도 가본 적이 없던 낯선 땅이었다. 하지만 많은 이들이 북한에서의 새로운 삶에 대한 기대와 희망을 품고 있었다. 물론 그다지 큰 기대를 가지고 있지 않은 사람들도 있었지만, 적어도 북한에서의 삶은 주거권이 허용되지 않고 매우 제한된 복지와 교육 및 고용의 기회만이 주어져 있던 일본에서의 삶보다는 안정된 것일 것이라고 믿고 있었다. 이 중 몇몇 개인들의 이야기는 특히 문제가 되기도 했다. 그 중 여기서 한 가지 사례를 소개해보고자 한다. 이 사례를 거론하는 것은 앞으로 논의하고자 하는 귀국문제에 대한 잘못된 이해 또는 알려지지 않은 측면을 드러내기 위해서이지, 그 자체가 전형성을 가지고 있어서가 아니다(오

---

1) 재일조선인 귀국문제는 한국에서 통상 '북송'으로 일컬어지지만, 여기서는 저자의 한국어판 저서에 근거해 '귀국'으로 표기한다 (테사 모리스-스즈키 저, 한철호 역 『북한행 엑서더스』, 책과함께, 2008). 그 외 관련한 용어의 표기 또한 이 저서의 표기에 준 한다(역자주).

히려 이 사례는 매우 특별한 사례에 해당한다).

1960년, 니가타에 상주하던 ICRC 관계자들이 '허모 씨(가명)'라는 젊은이를 마주하고 있었다. 당시 ICRC는 북한귀국 희망자들의 자유의지를 최종적으로 확인하기 위해 대표단을 파견하고 있었다. 당시 ICRC 대표단이 남긴 노트에 의하면, 허모 씨는 "정치적인 이유로 남한으로부터 도망"친 후, 일본으로 불법 밀입국했었다. 그는 10대의 청소년이었다. 그는 잠시 무비자로 일본에 체류한 후 경찰에 자수했다. 그리고 몇 년간 나가사키 부근에 위치한 오무라 수용소에서 억류생활한 후 가석방되었다. 이때 마침 북한으로의 귀국사업이 시작되고 있었던 것이다.

허모 씨는 이미 1957년에 "일본에서의 영주권을 보장받거나, 임시적으로 아르헨티나와 같은 제3국으로의 이민 기회를 부여받도록 ICRC 측에 요청"한 바 있었지만, 아무런 회답을 받지 못했다고 진술했다. 진술을 들은 ICRC 대표단은 다음과 같이 기록하고 있었다. "(허모 씨는) 북한으로의 귀국을 원하고 있지 않다. 그는 일본에 잔류하기를 희망하고 있다". 하지만 그는 가석방된 추방대상자로서 임시외국인등록증만이 발급되어 있었기 때문에 재류허용기간이 끝난 후 한국으로 추방될 것을 두려워하고 있었다. 당시만 해도 허모 씨와 같이 한국에서

'국가 전복자'로서 의심받던 자들은 송환 후 바로 감옥행이었기 때문이다.

따라서 당시 허모 씨는 "눈에 보이게 불안정한 상태였으며, 두려워하며 울먹이고 있었다". 이때문에 ICRC 대표단은 그에게 임시외국인등록증의 유효기간을 연장시켜주는 한편, 당분간 일본에 체류하면서 북한 행을 다시 생각해 보도록 제안했다. 하지만 ICRC 측도 허모 씨의 영주권을 보장해줄 수는 없는 노릇이었다. 문제의 열쇠는 일본의 입국관리국이 쥐고 있었다. ICRC 대표단의 제안을 받은 후, 허씨는 "진정을 되찾았으며 조만간 최종 회답을 우리에게 주겠다고 약속했다". 그런데 바로 그날 오후, 허모 씨는 ICRC 대표단을 다시 찾아와서 북한으로 갈 것을 결심했다고 말했다. 실제로 그는 바로 다음날 북한행 귀국선을 탔다.[2] 그 후에 그에게 어떠한 일이 일어났는지에 대해서는 전혀 알려진 바가 없다.

---

2) Special Case, Tokyo r. no. 204, op. no. 135, in ICRC Archives, B AG 232 105 – 028, Problème du rapatriement des Coréens du Japon, dossier XVIII, 17/01/1961 – 28/12/1964.

2. 귀국문제를 다시 생각하며

필자가 처음으로 재일조선인 귀국문제를 테마로 연구에 착수한 것은 2004년이었다. 그 후 약 6년간 이 연구에 몰두 했었다. 이 과정에서 새롭게 비밀 해제된 냉전시대 사료들을 접할 수 있었고, 탈북한 귀국자들의 증언을 직접 들을 수 있는 기회도 가졌다. 그리고 귀국문제를 둘러싼 복잡하고도 논쟁적인 이야기를 접하면서, 필자 개인적으로는 방대한 역사적 지식을 습득할 수 있는 계기가 되었다. 필자가 연구를 시작할 단계만 해도 귀국문제는 대체로 다음과 같이 인식되고 있었다.

제2차 세계대전 이후, 약 60만 명의 재일조선인들이 매우 불안한 삶을 살고 있었다. 그들의 대부분은 한반도 이남 출신이었지만, 대다수가 정치적으로는 북한과 그 지도하에 있던 (1955년 결성된) 재일본조선인총연맹(한국에서는 조총련, 일본에서는 소렌(総連)으로 약칭됨)을 지지하고 있었다. 1958년 여름, 조총련의 지원하에 재일조선인들 사이에 북한으로의 귀국을 요구하는 집단적 운동이 발생했다. 아직 일본과 북한 간에는 공식적 외교관계도, 합법적 도항로도 없었던 시기였다. 곧이어 동년 8월에 북한에서 김일성이 재일조선인들의 "사회주의

조국으로의 귀국"을 환영한다고 연설했고, 이 연설은 곧 집단적 귀국운동을 극적으로 확대시켰다. 재일조선인들의 이러한 요구에 대해, 일본정부는 적십자국제위원회의 개입과 감시하에 북한귀국희망자들의 귀국을 실현시킨다는 계획을 발표했다. 한국정부의 강력한 저항에도 불구하고, 1959년 8월 인도 칼커타에서 일본적십자사(이하 일적)와 조선적십자국제위원회(이하 조적) 간의 귀국협정이 조인되었고, 1959년 12월 14일, 첫 귀국선이 니가타로부터 청진을 향해 출항했다.

연구를 진행하면서, 필자는 다수의 인터뷰와 일부 구 소련 자료, 그리고 미국과 기타 관련 국가 및 단체들의 일차문헌들을 검토했다. 이 중에서도 제네바에 있는 ICRC가 소장하고 있던 방대한 비밀문서들을 해독하는데 주력했다. ICRC문서에서는 당시까지 일반적으로 알려져 왔던 것들과 매우 다른 사실들, 그리고 지금까지 전혀 논의되어 오지 않았던 이야기들이 발견되었다. 무엇보다 다음의 세 가지 사실들이 필자를 놀라게 했던 것으로 기억한다.

　　1. 재일조선인들의 귀국을 환영하는 김일성의 연설이 있기 약 3년 전인 1955년부터 이미 일본정부와 일본적십자사, 북한당국과 조선적십자국제위원회 그리고

ICRC 간에는 집단적 귀국을 실현시키기 위한 매우 치밀하고도 비밀스러운 협상이 진행됐다.

　　2. 수 십만의 재일조선인들을 북한으로 귀국시킬 것을 먼저 구체적으로 제안한 주체는 일본이었다.

　　3. 이질적인 이데올로기와 상이한 국가 목표를 가지고 있었음에도 불구하고, 일본과 북한 사이에서는 놀라울 정도의 협력이 이루어졌다. 양측은 서로를 자신의 필요에 의해 이용하고자 했다. 귀국문제는 일본과 북한 양측 간의 상호작용 없이는 불가능했던, 그야말로 양국 공조의 산물이었다.

한편 구 소련의 비밀 해제된 자료들을 보면 북한이 1958년도 중반까지만 해도 재일조선인들의 집단적 귀국에 큰 관심을 두지 않았음이 확인된다. 김일성은 1958년 여름에 갑작스럽게 재일조선인들을 국내로 유입시키는 방향으로 정책을 전환시켰던 것이다. 소련 측의 자료들은 북한이 왜 이처럼 갑작스럽게 정책전환을 강행했는지를 이해하는데 있어 중요한 힌트를 제공한다. 하지만 이와 관련해서는 여전히 많은 의문점들이 남아있다.

　　필자가 귀국문제를 테마로한 저서『*Exodus to North Korea*(2007)』[3]를 출간한 이후에도, 관련문서들의 추가적

---

3) Tessa Morris-Suzuki, *Exodus to North Korea: Shadows from*

인 발굴이 진전되었고, 다른 연구자들에 의해서도 새로운 분석들이 제출되었다. 이 연구들은 귀국문제의 배경에 대한 깊은 통찰을 제공해 주고 있다. 그 중 박정진의 연구는 귀국문제를 포함한 냉전기 일본과 북한과의 관계를 다양한 시각에서 새롭게 재조명하고 있다는 점에서 주목할 만하다.[4] 귀국사업이 있은 지 50주년이 되던 해(2009년: 역자주)에는 요미우리위클리(読売ウィークリー)의 저널리스트인 기쿠치 요시아키(菊池嘉晃)의 두 권의 저작을 포함한 다수의 출판물들이 등장했다. 기쿠치는 필자가 'Exodus to North Korea'에서 인용했던 문서들은 물론, 좌파계열의 재일조선인 조직, 즉 조총련과 그 전신인 재일조선통일민주전선(이하 민전)측의 자료도 폭넓게 검토하고 있다.[5]

이 연구들은 귀국문제와 관련한 지식의 지평을 다각적으로 넓혀 주었다. 먼저 박정진의 연구는 귀국문제가 북한과 일본 간의 관계를 둘러싼 국제관계의 산물이자,

---

Japan's Cold War, Rowman & Littlefield Publishers, Lanham, Maryland, 2007(역자주).

4) 朴正鎮「冷戦期日朝関係の形成(1945－1965)」東京大学博士論文, 2009年.

5) 菊池嘉晃『北朝鮮帰国事業：壮大な拉致か追放か』東京：中公新書, 2009年; 坂中英徳・韓錫圭・菊池嘉晃『北朝鮮帰国者問題の歴史と課題』東京：新幹社, 2009年, pp.197－318.

북한과 민전 및 조총련 지도부 간의 매우 복잡한 정치의 결과였음을 실증했다. 기쿠치의 연구는 재일조선인의 귀국과 소련 사할린 지역 및 중국 거주 조선인들의 북한귀국 사이에 존재하는 연관성에 관한 흥미로운 시각을 제시했다. 한편, 박정진과 기쿠치의 연구들은 필자가 『Exodus to North Korea』에서 제시했었던 주요 논점들에 대해서도 문제제기를 하고 있다. 특히 기쿠치는 자신의 저서에서 다음과 같이 기술하고 있다. "북한으로의 집단적 귀국운동이 일본 측에서 유래했다는 주장, 즉 '일본책략론(日本策略論)'은 명백히 잘못된 해석이다. 이러한 해석이 도출된 것은 스즈키 교수가 ICRC문서에 지나치게 의존한 반면, ICRC문서에서는 다루어지지 않는 북한의 동향이나 민전 및 조총련의 초창기 귀국운동에 대해 충분히 검토하지 않았기 때문이다".[6] 기쿠치의 비판만큼 차분한 논조는 아니지만, 메이지 대학의 가와시마 다카미네(川島高峰) 교수 또한 유사한 비판을 한 바 있다. 그는 대규모 귀국계획이 1955년 일본 사회당 대표들이 방북할 당시 김일성에 의해 이미 제기되었으며, 그 이후 일

---

6) 菊池嘉晃 「帰国運動・帰国事業と帰国者の悲劇」坂中英徳・韓錫圭・菊池嘉晃 『北朝鮮帰国者問題の歴史と課題』 東京 : 新幹社, 2009年, pp.197-318.

적과 일본정부, 그리고 일부 정치인들이 북한과 재일조선인들의 요구에 호응하면서 귀국문제가 발생한 것이라고 주장하고 있다.[7]

이러한 비판들에 대해 답하기 전에, 먼저 귀국문제에 대한 역사적 연구에 의해 드러난 주요 쟁점들에 대한 몇 가지 견해를 밝히고자 한다.

---

7) 川島高峰「北朝鮮帰還事業, 今, その真実を語る : テッサ・モーリス・スズキ氏の虚偽について」『光射せ！』第4号, 2009年12月, pp.84-104; 가와시마 다카미네는 필자의 연구가 '허구'와 '악질적인 거짓'으로 가득차 있는 것으로 간주하면서 반론을 전개하고 있다. 또한 필자의 "호주 국립대학교 교수라는 직책은 이와 같은 악의적인 거짓말들을 통해 받아낸 것이다. 이민정책에 관심을 기울여 온 호주정부는 이 점에 대해 반성해야만 한다"고 까지 기술하고 있다. 필자는 이 논문에서 가와시마 교수의 주장에 일일이 대응하고 싶지는 않다. 다만 귀국문제의 보다 정확하고 완전한 모습에 주의를 돌려주기를 바라는 마음에서, 각주에 몇 가지 핵심적인 논의에 대한 필자의 견해를 밝힌다. 가와시마의 논문에는 그 외에도 수 많은 오류들을 담고 있다는 점을 지적하지 않을 수 없다. 하지만 여기서는 이 논문과 관련이 있는 문제들에 한해서 논의하고자 한다.

3. 귀국문제에 대한 역사서술의 문제

필자에게 귀국문제에 대한 연구는 역사서술에 있어 두 가지 근본적인 문제를 재조명하도록 해주었다. 첫째는 역사학자 또는 그 밖의 연구자들이 어떻게 사료를 다루어 왔는지에 대한 물음이다. 둘째는 각자의 역사 연구를 이끌어내도록 만든 근본적인 동기들과 관련한 문제들이다. 현재 귀국문제에 대한 연구에 있어 난점은 자료부족의 문제가 아니라 오히려 지나치게 방대한 관련 아카이브들을 어떻게 다룰 것인가이다. ICRC문서만 해도 수천 페이지에 달하고, 한국, 일본, 미국, 영국, 독일 그리고 그 외 관련 국가들에도 수천 종의 자료들이 산재해 있다. 일례로 2007년 귀국문제를 주제로 다큐멘터리 제작에 착수한 NHK제작팀은 세계 각 국에 존재해 있던 약 15,000 페이지 분량의 관련 공식문서들을 수집한 바 있다(아쉽게도 NHK의 이 시도는 수집한 대량의 문서들 중 극히 일부만을 활용하는 데 그치고 말았다).[8] 따라서 문제는 다수의 국가들이 관여했던 지극히 복잡한 귀국추진 계획

---

8) NHK スペシャル, 北朝鮮帰国船: 知られざる半世紀の記録(2007년 10월 10일 첫 방송)(관련한 정보는 http://www.nhk.or.jp/special/onair/071008.html, 2008년 3월 3일 검색).

에 대한 이 방대하고도 상세한 기록들로부터 어떻게 역사적으로 의미 있고 또한 정확한 논점들을 추출해내는가이다. 모든 문서들을 인용하는 것도, 이를 모든 독자들이 활용하도록 하는 것도 불가능한 만큼, 역사가들의 책무는 문서들을 최소한으로 선별하고, 그 중 중요한 사실들을 담은 기록들을 인용하며, 이를 통해 전반적인 내용들을 최선을 다해 균형 잡힌 시각에서 설명하는 것이다. 귀국문제에 대한 완벽한 무결점의 설명은 존재하지 않는다. 하지만 가능한 한 정확하고도 포괄적인 귀국문제의 상을 드러내는 것을 목적으로 한다는 점에 역사학자들과 연구자들이 동의한다고 하면, 적어도 이 목적을 추구하기 위해 필요한 기본적인 방법들에 대해서는 동의가 가능하다고 생각한다.

반면, 역사를 연구하는데 있어 동기라는 것은 전혀 다른 차원의 문제이다. 사람들로 하여금 과거에 대해 연구하도록 하는 추동력은 개인마다 다르다. 다원화된 사회 속의 개인이라면 이는 당연한 현상이기도 하다. 어떤 이들은 자신들의 이익을 위해 역사를 연구하는 한편, 다른 이들은 역사연구가 '현재에 있어서의 역사', 즉 바로 우리가 살고 있는 현존의 세계를 이해하기 위한 자료로서 의미가 있다고 생각한다. 그런가 하면 어떤 이들은 역사적 불공정성의 유산을 극복하기 위해 역사에 대한 지식을 이용한다는 식의 실용적인 방식을 추구하기도 한다.

필자가 귀국문제를 역사적으로 매우 중요하다고 간주하는 기본적인 이유는, 그것이 현재까지 동북아시아 지역에 영향을 미치고 있는 과거 냉전 시대 정치들의 본질적인 측면들을 보여주고 있기 때문이다. 하지만 보다 중요한 이유는 귀국문제가 그것에 참여했던 사람들은 물론이고 그 외 많은 이들에게도 극도의 고통을 야기했기 때문이다. 귀국문제에 대한 역사적 이해는, 왜 그리고 어떻게 해서 이러한 일들이 벌어졌는지를 이해하는데 일조할 수도 있다. 그리고 '귀국자'들과 그 가족들에게 지속적으로 가해지고 있는 고통들을 경감시키는 방법에 대한 몇 가지 통찰을 줄지도 모른다. 하지만 이처럼 현재적인 문제들을 고찰하기 위해 역사를 활용하고자 한다면, 과거와 현재 간의 진정한 대화를 시도하는 것이 무엇보다 중요하며, 현재적 시각에 의해 만들어진 틀 안에 역사를 (손쉽게) 끼워 넣으려는 유혹을 이겨내야만 한다.

이와 같은 맥락에서, 한때 일본 입국관리국의 관료였던 사카나카 히데노리(坂中英德)의 최근 저작에 대해 간단히 언급하고자 한다. 사카나카는 귀국사업이 시작된 지 10년 만인 1970년도에 이 문제에 관여했었다. 그는 재일조선인문제에 대한 광범위하고도 논쟁적인 견해를 제시한 것으로서도 잘 알려진 인물이다. 그는 퇴직 후 2005년도에 〈탈북귀국자지원기구(脫北帰国者支援機構)〉를 설립했다. 이 단체는 과거 북한에 귀국했다가 다시 탈북한 후 일본으로 재귀국한 이들에 대한 지원을 목적으로 하고 있다. 실제로 사카나가는 가능한 모든 '탈북귀국자'들을 지원하고자 실천해왔다. 하지만 그가 '탈북귀국자'들을 위한 운동을 벌여오는 과정에서 보여 온 귀국문제에 대한 역사적 설명방식은 분명 문제의 소지가 있다. 사카타나는 귀국문제를 북한이라는 국가가 재일조선인들을 집단적으로 납치한 사건에 불과하다고 간단히 단정 지어버린다.[9] 그리고 이 "귀국이라는 미명하에 행해진 재일조선인 납치"가 '귀국자'들에 대한 참혹한 비극, 고통, 차별, 그리고 박해를 초래했다고 보고 있다. 따라서 이들 '탈북귀국자'는 일본으로 돌아오길 바라고 있으며, 그들에게 있어 진정한 '조국'도 다름 아닌 일본이라고까지 주장한다.[10]

하지만 귀국문제를 '납치'로서 묘사하는 것은 '귀국

9) 坂中英徳「北朝鮮帰国者問題の本質」坂中英徳・韓錫圭・菊池嘉晃『北朝鮮帰国者問題の歴史と課題』東京 : 新幹社, 2009年, pp.7-114, 본문 인용부분은 p.77.
10) 坂中英徳「北朝鮮帰国者問題の本質」, p.44.

자'들을 만들어낸 모든 요인들을 일거에 부정하는 논리가 된다. 귀국자들은 분명히 일본의 사회적 억압에 의해 밀려나왔고, 동시에 북한이 발신한 잘못된 프로파간다에도 현혹되었다. 그럼에도 불구하고 그들은 그들에게 주어진 매우 제한된 가능성 아래서 그들 스스로의 판단으로 선택을 하고자 했다. 물론 귀국사업은 귀국자들에게 엄청난 고통을 안겨주었고, 이 고통이 북한의 억압적 정책에 의한 것이라는 점은 주지의 사실이다. 하지만 귀국자들이 북한에서 겪은 경험과 고통의 본질이 모두 동일한 것은 아니었으며, 그들 모두가 일본으로 돌아가기를 염원했다고도 단정 지을 수 없다(약 200여 명의 탈북귀국자들이 일본으로 돌아왔지만 사실 그보다 훨씬 많은 다수는 선택에 의해서이든 환경적 제약에 의해서이든 간에 한국행을 선택했다). 귀국문제를 둘러싼 이와 같은 복잡한 역사를 인식하는데 실패할 경우, 동일하게 복잡성을 가진 현재적 문제들과 '(탈북귀국자들을 포함한) 귀국자'와 그들 가족의 요구들을 편협하고 일방적으로만 이해하고 반응하는 악순환에 빠질 위험성이 있다.

4. 귀국문제의 기원과 일본의 역할

귀국문제에는 여전히 조사·연구의 과제가 남아있는 다양한 논점들이 존재하지만, 여기서는 일본정부와 일적의 역할에 대한 문제만을 중심적으로 다루고자 한다. 이 문제는 귀국문세의 역사석 본질을 이해하는데 있어서 가장 기본이 되는 논제이자, 필자의 저서에서도 가장 논쟁적인 부분이기도 하다. 기쿠치 요시아키는 귀국문제에 대한 일본과 북한의 역할을 다음의 세 가지 논점으로 나누어 접근하고 있다. (1) 왜 귀국문제가 발생했나? (2) 왜 '집단적 귀국'으로 발전했나? (3) 왜 비극으로 귀결되었나?[11] 기쿠치 자신은 '집단적 귀국'이라는 표현에 대해 약간의 주저함을 보이면서 다음과 같은 정의를 제한적으로 사용하고 있다. "집단적 귀국이란, 수천 또는 수만 이상 규모의 귀국을 의미하는 것으로, 단기간에 걸친 몇 차례의 귀국선의 도항으로는 이루어질 수 없는, 중장기적 추진 계획에 의해서만 가능한 것이다". 이 정의는 매우 유용하며, 필자 또한 이를 수용하고자 한다.

기쿠치는 일본이 (1)과 관련한 역할, 즉 귀국추진 계

---

11) 菊池嘉晃「帰国運動・帰国事業と帰国者の悲劇」, pp.303-317.

획을 세웠던 것은 사실이라고 본다. 다만 계획 그 자체는 중요한 문제가 아니라는 것이다. 오히려 일본의 역할은 이 계획을 보다 인도주의적인 것으로 만드는 것에 일조했다고 기쿠치는 주장한다. 그리고 기쿠치에 의하면, (2)와 (3)의 논점, 즉 귀국추진 계획이 '집단적 이민'으로 발전하고, 또한 비극으로 귀결된 원인은 전적으로 북한과 조총련에 돌려진다. 귀국자들이 북한에서 경험한 고통에 대해 북한이 국가로서 일정한 책임을 져야 한다는 주장에는 필자도 동의하고 있다. 하지만 보다 핵심적인 문제는 (2)의 논점에 있다. 왜 귀국이 재일조선인들의 '집단적 추방'으로 발전했나? 이 문제는 결국 귀국사업의 '규모'가 만들어낸 것이었다. 사람들의 이동과 관련한 단순한 이야기가 90,000명 이상의 귀국자와 수십만에 달하는 그들의 친족들에게까지 불행을 안겨준 거대 사건으로 확대된 이유는 과연 어디에 있는 것일까? 이는 매우 복잡한 문제이기 때문에 여기서는 지면 관계상 충분한 해답을 서술할 수 없다. 다만 집단적 귀국추진 계획의 등장을 이해하는데 도움이 될 만한 몇 가지 중요한 사료들을 추가적으로 제시하는 것으로 이를 대신하고자 한다.

이 사료들을 검토하기 전에 다시 논의의 출발점에 서서, 두 가지 문제를 새롭게 제기하고자 한다. 귀국문제의 근본적인 기원과 원인은 과연 무엇인가? 이 문제에 대해 일본에게는 어떠한 선택지들이 놓여져 있었나?

　1945년 당시 일본에는 200만 이상의 재일조선인이 있었다. 해방과 더불어 그들의 약 7할 정도가 한반도 남쪽지역으로 귀국했지만, 60만 이상의 재일조선인들은 여전히 일본에 남아있었다. 특히 냉전이 본격적으로 도래하면서, 한반도 북쪽 지역으로의 인양사업은 조기 종결되고 만다. 그 결과 북한 지역에 연고를 가지고 있었던 수 많은 재일조선인들은 고향으로 돌아갈 수 없었다. 1946년 3월 시점의 조사에 의하면 단지 50만 이상 정도의 재일조선인들이 한반도 38도선 이남지역으로의 귀국을 원하고 있었고, 38도선 이북으로의 귀국을 지원한 이들의 수는 만 명 이하에 불과했다. 한반도에서 전개되던 불안정한 정치적 상황이 전해지면서, 많은 재일조선인들이 곧장 귀국하기 보다는 당분간 일본에 잔류하기를 희망하고 있었다. 하지만 미국에 의한 일본 점령기 (1945－51년) 동안 351명만이 북한지역으로 공식 인양되었던 것으로 보아, 한국전쟁 직후에는 적어도 수백 또는 수천 명이 북한으로의 귀국을 기다리고 있었을 가능성이 있다.[12]

　귀국문제는 전후 일본사회에 있어 재일조선인들의

불안정한 지위에서도 기원한다. 미군정의 종식과 더불어, 일본정부는 1945년 포츠담 선언의 해석을 적용해 모든 재일조선인과 대만인들(이들은 그 전까지 국제법상으로 일본국적을 소유했다)을 외국인으로 간주했다. 이 결정은 재일조선인들과 대만인들이 시민권을 선택할 권리를 부여하도록 한 미군정 법률 담당자의 권유에도 불구하고 단행된 것이었다. 이 결정으로 인한 재일조선인들의 법적지위의 변화는 매우 심각한 의미를 가지는 것이었다. 이는 일본이 1951년에 도입한 바 있던 입국 관리조례(이후 입국관리 법령)의 조항들이 과거 일본 제국의 신민들에게 소급되어 적용되었음을 의미하기 때문이다. 이 법령은 국가 전복자로 간주된 자, 최소 생계를 꾸릴 능력이 없는 자, 또는 정신적 또는 육체적인 질병을 앓고 있는 자, 그리고 범죄를 저지르고 1년 이상의 구금을 선고받은 외국인들을 추방할 수 있는 권한을 부여한 것이다. 일본의 입국관리국은 이 법령을 재일조선인들과 대만인들에게 자의적으로 적용하곤 했다. 통상 범법자들은 추방통지를 받았지만, 가난하거나 정신적인 질병을 가지고 있

---

12) 厚生省援護局編 『引き上げと援護30年のあゆみ』 厚生省, 1978年; 厚生省援護局編 『引き上げと援護30年のあゆみ』 厚生省, 1978年, pp.103-104.

던 자들은 그렇지 않았다. 하지만 가난한 재일조선인들에 대해 이 법령은 매우 엄격하게 적용되었고, 이것이 대규모 추방을 양산했다. 이는 이미 악화되어 있던 한국과의 관계를 더욱 긴장시켰고, 국내적 혼란과 국제적 범죄의 확산을 초래하고 있었다. 일본정부는 언제든지 재일조선인들에게 입국관리법령을 강제 적용할 수 있었다. 입국관리법령하에서 재일조선인들의 법적지위는 매우 불안정한 것이었다.[13]

한국은 미군 점령이 끝난 후부터, 북한은 1955년 중반부터 재일조선인들의 특별한 법적지위를 고려해 그 이전의 입국법령의 적용을 요구했다. 특히 한국은 일본에서 범법자로서 추방이 결정된 재일조선인들의 송환을 거부했으며, 이것이 양국관계를 긴장상태로 몰아갔다. 결국 1954년 10월부터는 한국이 모든 재일조선인들의 송환을

---

13) 일본정부의 비밀해제 문서를 보면, 1956년에 전개된 귀국문제를 둘러싼 논의들 속에는 일본정부 혹은 (그리고) 일적이 생활자립이 어려운 재일조선인들을 추방할 수 있는 방도로서 국가가 직접 입국관리법령을 발동시키는 안을 고려한 흔적을 볼 수 있다. 하지만 외무성 관리들은 '유감'을 표명하면서 이 안을 거부했다. "이와 같은 방도는 한국정부를 자극할 것임이 충분히 예상되기 때문"이었다(「日韓国交正常化交渉の記録総説6(在日朝鮮人の北朝鮮帰還問題と帰還協定の締結)」문서번호126, 일본외무성의 한일회담 관련 제3차 개시결정문서, 2007년 11월 16일, p.71).

거부하기에 이른다. 이때문에 1954년 상반기 413명이었던 입국관리국 산하 오무라 수용소 재일조선인 수용자들이 1957년 상반기에는 1,383명으로 급증했다.[14] 오무라 수용소에서 무기한 억류상황이 도래하자 많은 수용자들이 북한으로의 송환을 요구하기 시작했다. 이 중에는 강력한 반공 국가이자 정치적으로 억압적인 한국으로의 강제송환을 피하고자 북한행을 선택한 이들도 있었다. 다른 한편에서는 1953년 재일조선인들의 좌파 조직인 민전이, 수백 명의 재일조선인 기술자들이 북한으로 귀국해 전후복구를 도울 수 있도록 하기 위해 일본정부를 대상으로 로비활동을 전개했었다. 그리고 1955년 중반부터는 수백 명의 일반 재일조선인들이 북한으로의 귀국을 요구하기 시작했다. 이에 대해 일본정부는 개인적으로 도항수단을 확보해 북한으로 귀국한다면 이를 막을 어떠한 조치도 취하지 않을 것이라는 입장을 수 차례 표명했다. 실제적인 문제들은 바로 귀국에 필요한 비용을 가지고 있지 못한 귀국희망자들 사이에서 발생했다.

1950년대 중반부터 가시화된 이 같은 문제들에 대응하기 위해, 일본정부에게는 어떠한 선택지가 주어져 있

14) 法務省入国管理局 『出入国管理白書 34年』 大蔵省印刷局, 1959年, p.95.

었을까? 첫째, 북한으로의 귀국을 원조해 달라는 요구를 간단히 무시 또는 거부할 수 있었을 것이다. 이러한 거부는 일부 재일조선인들로부터 불만을 살 것이며, 이때문에 인도주의적인 그리고 정치적인 문제들을 불러일으킬 것이다. 이와 관련한 유사한 예로서 1950년대와 60년대에 걸쳐 표출되었던 '자유왕래운동'을 들 수 있다. 북한의 요구와 조총련의 주도로 전개된 이 운동은 한마디로 일본과 북한 간의 자유로운 도항과 출입국을 허용해달라는 요구였다. 이는 귀국문제와 마찬가지로 논쟁적인 인도주의 사안이었다. 이에 대해 일본정부가 단호하게 거부했었다는 사실에 우리는 주목할 필요가 있다.

둘째, 남북한 양국으로부터의 요구를 수용해 재일조선인들의 특별지위를 허용하는 방향으로 정책을 수립하는 것이다(이는 사실상 1965년에 한국과의 국교정상화 교섭과정에서 점진적으로 수용되었었다). 이 선택지는 일본정부가 북한행 귀국추진계획을 승인할 것인지 말 것인지의 여부와는 상관없이 채택될 수 있었다. 예컨대, 입국관리국은 범죄를 저지른 재일조선인 또는 대만인들을 추방하는 대신, 그들이 형기를 마친 후 일본에 잔류할 것을 허용할 수도 있었다.[15] 또한 일본정부는 추방과 배제의 두려움 없이 과거 제국시대 신민들의 복지 요구들을 공식적으로 승인할 수도 있었다. 이렇게 되면 오무라 수용소 문제는 자연스럽게 해결될 것이며, 한국과의 국교 정상화교섭 또한 보다 순조롭게 진전되었을 것이다. 그리고 일본 내 조선인들의 지위는 보다 안정되었을 것이며, 그만큼 북한으로의 귀국이라는 선택지는 덜 매력적인 것이 되었을 것이다.

하지만 1950년대 중반까지 일본정부는 이 선택지를 완고하고 일관되게 거부했다. 그 대신 일본의 정치인들과 관료들은 빈곤한 재일조선인들에게 관행적으로 지급되던 생활보조금의 증가에 대한 거부의사를 표현했다. 그리고 1956년 상반기에 그들을 귀국시키기 위한 계획을 구체화시키기 시작했다. 후생성이 약 75,000명의 재일조선인들에게 지급되던 생활보조금의 삭감 또는 지급 중단을 위해 대대적인 조사작업에 착수한 것도 그러한

---

15) 물론 1957년 말경에 한국정부의 강력한 압력으로 인해 일본정부가 형기를 마친 수용자들의 일본잔류를 허용한 사례가 한 건 있었다. 하지만 한국과 국교정상화가 이루어지기 전까지, 일본정부는 범법자들을 추방할 수 있는 권한을 포기하려 하지 않았다. 한국과의 국교정상화 이후에도 일본정부의 이 권한이 포기된 것은 아니었다. 다만 범죄를 이유로 재일조선인들을 강제 송환할 수 있는 재량권이 크게 제약되는 정도였다. 이와 관련해서는 「日本国居住する大韓民国民の法的地位および大愚に関する日本国と大韓民国の間の協定」 1966年4月, pp.3-4을 참조할 것.

계획의 일환이었다.[16] 그리고 결정적으로 일본정부는 귀국사업이 시작된 바로 1959년도에 복지 시스템 전반을 새롭게 개편했다. 개편의 내용은 (재일조선인들과 대만인들을 포함한) 외국인들을 복지 수혜대상에서 완전히 제외시키는 것이었다. 이 조치는 북한으로의 귀국을 이전보다 매력적인 선택지로 만들었다. 전술한 바와 같이,

---

16) 와다 하루키 교수가 필자의 저작 『Exodus to North Korea』에 대한 서평에서 올바로 지적한 바와 같이 "생활보조금을 받고 있던 재일조선인의 수가 8만 1천 명이 감소되었다"라고 한 기술은 명백히 잘못된 것이었음을 인정한다. 1956년 5월 24일 도쿄신문 석간에 실린 관련 보도를 보면, 재일조선인들에게 지급되던 생활보조금 중 24%가 말소되었고, 30%가 절감되었다. 후생성이 조사작업을 시작하기 직전, 생활보조금 수혜를 받던 재일조선인들의 총수는 117,073명이었다. 결국 후생성의 조사결과 생활보조금 지급이 중단된 재일조선들의 수는 약 35,000명이었다고 할 수 있다. 이와 관련해 일부에서는 1958년 이전까지 귀국희망자의 숫자가 극적으로 늘어나지 않았기 때문에, 후생성에 의한 갑작스러운 복지혜택의 삭감이 재일조선인들의 귀국운동을 촉발시킨 원인은 아니었다고 주장하고 있다(菊池嘉晃「帰国運動・帰国事業と帰国者の悲劇」, p.238. 朴正鎮「冷戦期日朝関係の形成 (1945-1965)」, p.322). 하지만 이러한 주장은 기계적인 논법이다. 1956년부터 1957년에 이르는 기간 동안에는 북한으로의 귀국 루트가 분명하지 않았기 때문에 생활보조금 대상에서 제외된 재일조선인들이 곧장 귀국을 자원하기 불가능한 상황이었다. 하지만 북한이 귀국자들에게 주거와 생활의 보장을 천명한 후에는, 재일조선인들이 북한귀국을 결심하게 된 요인 중에 복지혜택의 불안전성이라는 요인이 매우 중요하다는 정황적 증거가 풍부하게 나타나기 시작한다.

1955년 하반기부터 일본정부는 오무라 수용소 문제를 경감시키는 수단이자 재일조선인들에 대한 복지비용을 삭감시키기 위한 수단으로써, 북한으로의 귀국을 적극적으로 고려하기 시작했었다.

5. 귀국문제의 첫 단초

2007년도 하반기에 귀국문제에 대한 새로운 사실을 담은 문서가 일본정부에 의해 비밀 해제되었다. 이 문서는 기본적으로 일본과 한국의 국가 간 외교교섭의 맥락에서 귀국문제의 역사를 보여주고 있다. 문서는 그 외에 두 가지 매우 흥미로운 정보도 제공하고 있다. 1953년에서 54년에 걸쳐 발생한 이른바 '이호연 사건', 그리고 1955년 12월 당시에 기안된 귀국사업과 관련한 외무성의 초기계획과 관련한 것이다. 이 일련의 과정을 보면, 귀국사업 추진을 둘러싸고 일본과 북한 양측이 어떻게 '공조'를 했는지가 생생하게 묘사된다. 일단 이호연 사건에는 몇 가지 수수께끼가 남아있지만, 지면 관계상 이에 대한 본격적인 논의는 향후의 과제로 미루고자 한다. 여기서는 비밀해제 문서에서 다루어지고 있는 1955년 하반기에 발생했던 일련의 사건들에 주의를 돌리고자 한다.

이 문서에 의하면, 한국전쟁 직후부터 재일조선인들은 북한으로의 귀국을 모색하기 시작했다. 재일조선인들의 좌파조직인 민전은 일본정부 측에 이를 타진했고, 이에 대해 일본정부 내에서는 법무성과 외무성 간의 협의가 이루어졌다. 이들은 가장 간단한 해결책으로서 재일조선인들이 자비로 중국을 경유해 북한으로 입국하는 방식을 생각해 냈지만, "만일 자비에 의한 출국일 경우, 많은 이들이 실천하기는 어려울 것이다"라고 보고 있었다.17) 한편, 귀국문제는 일본정부의 지원 외에 일적의 지원을 받고 있었다. 일본정부 내에서는 이러한 점이 한국정부의 반발을 불러일으킬 수 있다는 우려가 대두되었다. 따라서 법무성과 외무성 관계자들은 "민전의 동향을 주시해 가면서 문제해결책을 강구"하기로 결정했었다.18)

1953년 가을, 민전 중앙위원회 의장이었던 이호연은 회의 참석차 중국으로 출국한 후 일본으로 재입국을 보장해주는 여행증서를 발급받기 위해 일본 입국관리청에 접근했다. 하지만 이호연의 계획이 사실상 중국을 경유해 북한을 방문하는 것이었음이 곧 밝혀졌다. 그의 목적

---

17) 「日韓国交正常化交渉の記録総説6」, p.1.
18) 「日韓国交正常化交渉の記録総説6」, p.1.

은 북한당국자들과 재일조선인들의 북한귀국문제를 논의하는 것이었다. 기쿠치의 연구에서도 언급된 바 있지만, 당시 민전은 북한의 전후복구를 돕기위해 재일조선인 기술자들을 북한에 귀국시키는 계획을 현실화시키기 위해 주력하고 있었다. 하지만 그때까지만해도 오무라 수용소 문제를 둘러싼 일본정부와 한국정부와의 갈등이 격화되고 있었다. 따라서 입국관리청은 이호연과 북한 간의 교섭이 '일본의 국익에 도움'이 될 수도 있다는 점을 재빨리 알아챘다. 특히 "이호연의 계획이 실현될 경우, 한국이 송환자들의 수용을 거부하고 있는 빈곤한 재일조선인들이나 추방통지를 받은 자들을 북한으로 추방시키는 것에 일정한 공헌을 할 지도 모르는 일이었다"[19].

이에 따라 입국관리청은 외무성과 경찰청 그리고 공안청 관계자들과의 고위급 회담을 가진 뒤, 이호연과 비밀협약을 맺었다. 입국관리청 측이 북한행과 일본으로의 재입국을 허락하는 대신, 이호연은 재일조선인들의 귀국 가능성에 대해 북한당국과 폭넓은 논의를 가질 것이라는 양해가 이루어진 것이다. 비밀해제된 문서에서 이호연과 입국관리청 간의 상세한 거래내용은 검은 먹칠로 지워져

19) 「日韓国交正常化交渉の記録総説6」, pp.14-35, 본문에서 인용한 부분은 p.28.

지금까지도 미궁으로 남아있다. 하지만 일본정부의 고위 당국자와 민전 의장 간의 이 흔치않은 양해사항은 실현 되지 못했다. 일본정부는 이호연에게 비밀엄수를 강하게 당부했지만, 이호연은 출국 예정직전인 1954년 5월 기자 회견을 가졌고 여기서 너무 많은 것을 말해 버리고 말았 다. 양자 간의 합의는 결국 무효가 되었고, 그의 출국허 가는 돌연 취소되었다. 이호연 사건은 1953년 하반기 무 렵부터 민전과 일본정부당국이 북한과 귀국문제와 관련 한 논의를 갖는 것에 대해 이해를 같이 하고 있었고, 이 를 실현시키기 위해 공조하고자 했음을 말해준다. 물론 아직 집단적 귀국을 위한 구체적인 계획이 수립된 것은 아니었다. 후술하겠지만, 그 구체적인 계획은 1955년 하 반기에 이르러서야 그 모습을 드러내게 된다.

한편 1954년 1월 6일, 일적은 적십자국제연맹(League of Red Cross Societies)의 중개를 통해 북한의 조적 측에 접근했다. 당시 일적은 조적 측에 북한잔류 일본인들(그 수는 수백 명에서 2천 명 가량으로 추산되고 있었다)의 신원확인과 이들의 귀국을 도와주도록 요청했다. 이 요 청을 담은 서신에는 만일 조적 측이 이 요청을 수용해 줄 경우, 일적은 "귀국(貴国)으로 돌아가고자 하는 재일조 선인들의 귀국을 도와줄 의향이 있다"고 적혀 있었

다.[20) 이에 대해 조적측은 북한잔류 일본인들을 귀국
시킬 준비와 태세가 되어 있다고 회답하기는 했지만, 재
일조선인들의 북한귀국문제에 대해서는 전혀 언급하
지 않았다.[21) 1955년 8월, 일적 외사부장으로 새롭게 부
임한 이노우에 마스타로(井上益太郎)가 제네바에서 IC
RC 당국자와 회담을 가졌다. 회담 중에 이노우에는 북한
잔류 일본인들의 인양과 장래에 있을 재일조선인들의 북
한으로의 귀국에 대해 ICRC 측이 지원해줄 것을 부탁했
다.[22)

　　박정진이 이미 지적했던 바와 같이, 1955년도에 북
한은 일본과의 관계개선을 위해 전례없이 적극적인 접근
을 시도하고 있었다. 당시 하토야마 내각(1954년 12월 -
1956년 12월)의 대외정책 또한 사회주의 국가들과 관계
개선의 가능성을 확대시키고자 하고 있었다.[23) 1954년 8

---

20) Telegram from League of Red Cross Societies, Geneva, to Red Cross
　　DPRK, Pyongyang, 6 January 1954, in ICRC Archives, B AG 232
　　055 - 001, Ressortisants japonais en Corée - du - nord, 22/01/1954 - 11
　　/05/1956.
21) Telegram from Red Cross DPRK Pyongyang to League of Red
　　Cross Societies, Geneva, 6 February 1954, in ICRC Archives, B AG
　　232 055 - 001.
22) 보다 자세하게는 Morris - Suzuki, *Exodus to North Korea,* pp.85 -
　　87을 참조할 것.
23) 朴正鎭 「帰国運動の歴史的背景 - 戦後日朝関係の開始」高崎

월에 북한의 남일 외무상이 이미 (오무라 수용자를 포함한) 재일조선인의 법적지위 문제에 대해 언급한 바 있었고, 1955년 10월 15일에는 북한 외무성 명의로 오무라 수용자들의 석방에 대한 구체적인 요구가 있었다.[24] 이 일련의 움직임들은 1955년부터 북한이 일본과의 관계 개선과 한국과의 간접적인 접촉의 수단으로서 재일조선인사회에 깊숙이 개입하기 시작했음을 보여준다.

1955년 5월에 조총련은 결성을 기념해서 대표단을 평양에 파견해 북한의 지도부와 접견했고, 동년 10월 19일에는 일본 사회당의 비공식 대표단이 방북해 김일성 수상과 단독회담을 가졌다. 가와시마 다카미네가 언급한 바와 같이, 김일성이 '귀국'을 지원할 의사를 표명한 것도 이때였다. 1955년도에 북한이 오무라 수용소 수용자와

宗司・朴正鎮編著,『帰国運動とは何だったのか－封印された日朝関係史』平凡社, 2005年, pp.54－92.

24) "Statement of the Foreign Minister of the DPRK in protest against persecution of the Korean nationals in Japan", 30 August 1954, and "Statement of the spokesman of the Foreign Ministry of the PDRK in connection with the question of the Korean internees in Omura camp", 15 October 1955, On the Question of 600,000 Koreans in Japan, Pyongyang, Foreign Languages Publishing House, 1959(역자 주: 일본어 판은『祖国は待っている－在日同胞の帰国問題にかんする文献』平壌, 外国文出版社, 1959年), pp.22－28.

수 백만의 일반 재일조선인들의 귀국을 독려하기 위해
적극적인 정책을 구사한 것은 분명한 사실이다.[25] 하지
만, (후술할 1956년 1월에서 2월에 걸친 일적과 조적 간
의 공식회담과 관련한 보고문들을 포함한) 관련 문서들
을 보면, 이 당시 북한은 재일조선인들의 '생활 안정'을
위한 포괄적인 정책들의 일부로서 귀국문제를 바라보고
있다는 사실을 확인할 수 있다. 즉, 북한당국이 일본정부
에 요구한 것은, 일부 재일조선인들의 귀국만이 아니라,
그들의 복지·고용 교육의 개선 등 보다 폭넓은 것이었
다. 또한 이 같은 귀국 및 복지를 위한 요구들은 조적 대
표단의 일본 파견을 일본정부가 승인하도록 하기 위한
구실이었다. 북한은 이를 통해 재일조선인 사회에 직접
적으로 접근해 영향력을 보다 확대시키는 한편, 일본정

---

25) 이와 관련한 증거들은 구 소련 문서에 확인된다. 1958년 중반,
　　김일성은 재일조선인들의 집단적 귀국을 추진한다는 새로운 결
　　정을 소련 당국자에 전하는 자리에서 "2-3년 전(1955-56년 경)
　　의 경제상황이었다면 10만 규모의 재일조선인 가족들을 귀국시
　　켜 그들에게 집과 직장을 제공하기란 불가능 했을 것이다"라고
　　말했다. 북한은 전후복구와 경제성장이 궤도에 들어선 후에야
　　비로서 집단적 귀국계획을 현실적인 정책으로 간주하기 시작한
　　것이다(Record of Conversation with Comrade Kim Il-Sung, 14
　　and 15 July 1958", in Diary of V. I Pelishenko, 23 July 1958,
　　Foreign Policy Archives of the Russian Federation, archive 0102,
　　collection 14, file 8, folder 95).

부와의 비공식적 교섭의 창구를 만들고자 했던 것이다.[26] 북한의 이러한 접근에 대해 일본정부는 거부의사를 분명히 표명했다. 한국으로부터의 반발을 고려하지 않을 수 없었기 때문이다.

가와시마는 1955년 조총련의 활동과 사회당의 방북은 귀국사업 추진에 결정직인 사건이었다고 평가하는 한편, 재일조선인들의 귀국을 추진하기 위해 조총련이 "북한잔류 일본인들을 '인질'로 삼아 일적이 북한과 교섭에 나서도록 주도했다고 주장한다.[27] 가와시마의 이러한

---

26) 북한의 이러한 의도는 1955년 12월 31일자로 조적이 일적 측에 전송한 전문에서 인용한 남일 외무상 명의의 성명에서 확연히 드러난다. 가와시마는 필자가 귀국사업이 넓은 의미에서 북한의 재일조선인 정책의 일환이라는 주장을 뒷받침하기 위해 이 전문을 '악의적'으로 인용했다고 주장한다. 하지만 남일의 이 성명은 오무라 수용소 수용자들의 귀국문제 뿐만이 아니라, 일반 재일조선인 자제들의 교육과 조선인 학교에 대한 교재 공급의 문제, 그리고 조적 대표단의 일본 입국 문제 등도 다루고 있었다. 또한 1955년 12월 16일 국회 외무위원회에서 있었던 시게미츠 마모루 외무상의 발언에 대해서도 언급하고 있다. 이 성명의 전문은 "Full text of the statement by Nam Il, Foreign Minister of the DPRK", in ICRC Archives, B AG 232 105-002을 참조할 것.

27) 가와시마의 기술을 그대로 옮겨 보면 다음과 같다. "조총련은 결성 직후인 1955년 7월에 귀국사업을 절실히 희망하고 있음을 이미 북한정부에 요청했던 것이다. 일본이 1954년 1월에 북한잔류 일본인의 귀환을 요청했었다는 사실을 이용해서, 그들이 억류되어 있다는 약점을 인질로 삼아, 북한잔류 일본인의 귀환교섭

분석은 매우 혼란스럽다. 먼저, 전술한 바와 같이 1954년 1월에 일적은 북한 측에 전문을 보내 북한잔류 일본인과 재일조선인의 북한 귀국문제를 연계시켜 해결하고자 하는 의지를 이미 표명한 바 있었다. 게다가 역사적 문맥에서 볼때 가와시마는 1955년 당시 사회당 대표단의 방북 활동을 지나치게 과대평가하고 있다. 사회당 소속 의원들은 재일조선인들의 북한귀국을 열렬히 지지했었고, (호아시 게이(帆足計) 등) 그 중에는 북한과 일본 간의 적극적인 중계역할을 수행한 이들도 있었다. 하지만 귀국문제의 보다 중요한 배경적 움직임들은 1955년 10월 이전에 이미 진행되고 있었다. 그리고 1955년 12월과 1956년 1월에 걸쳐 일부 재일조선인들의 북한귀국이 실현되었다. 이 또한 일부 사회당 의원들의 노력에 의한 것이 아니다. 일본의 외무성과 집권 자민당을 설득할 정도로,

을 재일조선인 귀국사업으로 전환시켰던 것이 북한귀국사업의 계기였다. 여기서 사회당원은 그 가교역할을 했던 것이다."(朝鮮総連は, 結成されて間もない一九五五年七月に, 北朝鮮政府へ帰国事業について, それを切望し, 問い合わせをしていたのである。日本が, 一九五四年一月, 北朝鮮朝鮮残留日本人の帰還を求めてはじめた問い合わせを利用し, その残留邦人という弱みをいわば人質として, 残留邦人帰還交渉を在日朝鮮人帰還事業へと, 転換させていたのが北朝鮮帰還事業の契機である。社会党議員はその橋渡しを行ったのである)」(川島高峰,「北朝鮮帰還事業, 今, その真実を語」, p.103).

당시 소수의 야당정치인들이 정치력을 가지고 있었다고는 상상하기 어렵다.

1955년 전반에 걸친 이와 같은 상황전개와 관련해, 비밀 해제된 일본 측의 문서들은 당시 신생 조총련의 지지하에 전개되던 재일조선인들의 귀국요구 운동이 일본의 국익에도 상응한다는 것을, 일본정부의 실세들이 재차 깨닫고 있었다는 사실을 보여준다. 이를 배경으로, 1955년 12월 15일 외무성 아시아국 제5과에서는「북한으로의 귀국희망자 송환문제 처리방침(北鮮への帰還希望者の送還問題処理方針)」이라는 문서가 작성되었다. 이 문서는 재일조선인들의 북한 귀국문제에 대해 분명하고도 상세하게 기안된 최초의 제안서로, 이에 수반되는「송환절차요강(送還手続要綱)」도 같이 첨부되어 있었다. 이 문서는 귀국자의 구체적인 예상 숫자에 대해서 기술하고 있지 않지만, 귀국계획과 관련한 전망과 등록절차와 관련한 사항을 담고 있는 것으로 보아, 상당규모의 귀국사업을 예상하고 있었음을 강하게 시사하고 있다.[28]

당시 일본 외무성의 계획은 귀국사업이 북일 양국 적십자 사이의 협상에 근거해야 하며, 일본정부의 양해

---

28)「日韓国交正常化交渉の記録総説6」, p.47.

와 더불어 '조총련의 협조'를 동반시키면서 실행되어야 한다는 것이었다. 여기서 일본정부는 귀국자들의 국내 여비를 부담하고, 다음과 같은 조건 하에 북한과 교섭의 전권은 일적에 위임되었다.

1. 송환 대상자는 생활 빈곤자에 한정한다.
2. 송환자들을 수용할 것인가의 여부에 대한 북한 측의 의향을 확인한다.
3. 송환은 조총련이 제출할 귀환희망자 명부에 근거해 실시한다.
4. 북한의 조적 측은 일본 측이 지정하는 항구에 송환선을 파견한다(일본 측이 이를 부담할 이유는 전혀 없다).

이 계획은 일적에 대해 "조총련을 상대로 제반 조건에 대한 협력을 요청"하도록 했으며, "각 소요항목에 대해서는 그 정확한 실시를 보장하기 위해 문서를 교환"하도록 했다".[29] '각 소요항목'에는 다음과 같은 내용이 포함되어 있었다.

---

29)「日韓国交正常化交渉の記録総説6」, pp.47-50.

1. 조총련은 생활빈곤자 중 북한으로의 귀환을 희망하는 자를 조사해, 귀환희망자 전원의 명부를 작성하고 이를 일적에 제출한다.

　　2. 명부에 기재되지 않은 자는 금번의 절차에 따른 북한귀국을 일절 허용하지 않는다.

　이 계획에 강력히 저항할 것으로 예상되던 한국정부를 설득하는 임무는 외무성 관료들에게 주어졌다. 통산성과 후생성에게는 귀국희망자들이 일본 국내에서 이동하는데 소요되는 운송수단을 제공하도록 했고, 입국관리국은 "조총련이 발급하는 '귀환증명서'에 출국을 승인하는 도장"을 찍도록 했다.[30]

　당초 일부 관료들은 재일조선인들이 타게 될 귀국선으로 북한잔류 일본인들이 귀환할 때 타고 들어 올 선박을 이용하려는 생각을 가지고 있었던 것으로 보인다. 하지만 한국으로부터의 격렬한 저항이 예상되었기 때문에 이 안은 곧 기각되었다. 그 대신 일적 측의 강력한 요구에 의해, ICRC를 이 귀국계획에 개입시키는 안이 채택되었다(보다 자세하게는 부록을 참조하기 바람).

　귀국추진 계획을 담은 이 1955년 12월 15일자 문서

---

30)「日韓国交正常化交渉の記録総説6」, p.51.

에는 앞서 언급한 이호연과 입국관리청 간의 비밀협약과 관련한 조항이 먹으로 삭제되어 있다. 이 조항은 현재까지 비밀로 남아있다. 하지만 이 문서는 당시 일본 외무성이 북한으로의 대규모 귀국계획을 치밀하게 기획했으며, 이를 조총련과의 긴밀한 협조하에 일적이 직접 수행하도록 했다는 사실을 분명하게 보여 준다.[31] 실제로 이 계획의 제반 절차들은 귀국사업이 실행된 1959년 12월의 그것과도 많은 면에서 유사하다. 한편, 이 계획이 완료되기 이틀전인 1955년 12월 13일, 일적 사장 시마즈 다다츠구(島津忠承)는 일본 외무상과 법무상의 승인하에 제네바의 ICRC 측에 전문을 보낸 적이 있었다. 이 전문은 북한으로 귀국을 희망하는 재일조선인들의 청원서(청원자들의 이름과 숫자는 분명하게 기입되어 있지는 않았다)를 동봉해, 이들의 귀국이 실현되도록 ICRC가 도와달라는 내용을 담고 있었다. 12월 16일에는 시게미츠 마모루(重光葵) 외무상이 국회 외무위원회에서 자민당 중의원 야마모토 도시나가(山本利壽)의 관련 질의에 대해 답변하면서, 귀국문제를 해결하겠다는 의사를 표명했다.[32] 그리고 그

---

31) 기구치 요시아키도 그의 논문에서 새로 공개된 문서들을 언급하고 있지만 이호연 사건 또는 1955년 12월 당시 외무성의 계획에 대해서는 전혀 언급하고 있지 않다.

32) 『第23回国会衆議院外務委員会会議録』, 第12号, 1955년 12月

다음해 1월 중순에는 자민당 외교조사위원회가 개최되어 "고국으로 돌아가고자 하는 재일조선인들은 반드시 돌려 보내야 한다"라는 의견에 동의가 이루어졌고, 이를 실현 하기 위해 자민당 차원에서도 일적과의 접촉이 이루어 졌다.[33]

16日.

33) 시마즈의 전문과 자민당 외교조사위원회에서의 논의사항에 대해서는 Morris-Suzuki, Exodus to North Korea, pp.88-92을 참조할 것(일본어판의 경우 テッサ・モーリス-スズキ, 『北朝鮮へのエクソダス「帰国事業」の影をたどる』, 朝日新聞社, 2007年, pp.105-107). 가와시마 다카미네는 시마즈의 전문에 '이상하게도' 귀국희망 청원자들의 명단과 참여자의 수가 보이지 않았다고 한 필자의 기술을 인용한 바 있다. 가와시마는 이를 두고, 필자가 1955년 7월의 귀국희망자들의 도쿄 집회와 청원을 일적이 '조작'해 낸 것처럼 묘사하고 이를 비난하고자 했다고 주장하고 있다(川島高峰「北朝鮮帰還事業」, p.98). 하지만 필자의 저서에는 (상대적으로 소규모이긴 했지만) 1955년 7월에 이 집회가 있었음이 분명히 언급되어 있으며, "아마도 시마즈가 12월에 보낸 전문에서 동봉된 청원서는 바로 이 집회에서 유래한 것으로 보인다"라는 분석까지 첨언되어 있다. 즉 '이상하게도'라는 표현은 일적이 이 청원서를 조작했다는 점을 시사하기 위한 것이 아니라, 귀국희망자들이 명단과 서명이 빠진 청원서를 제출한 것에 대한 필자의 의구심을 드러내기 위한 것이었다. 이와 관련해서는 Morris-Suzuki, Exodus to North Korea, pp.88 and 90(テッサ・モーリス-スズキ, 『北朝鮮へのエクソダス「帰国事業」の影をたどる』, pp.106, 108)에서 확인이 가능하다.

6. '집단적 귀국' 구상

정리해 보면, 1953년이래로 전개되었던 귀국문제를 향한 움직임들은 다양한 방향에서 동시적으로 발생했다고 할 수 있다. 한국전쟁 이후, 수 명의 북한귀국 희망자들이 등장했다. 이들 외에도 한 두 번 정도 장래 북한으로의 귀국희망을 어렴풋이 가슴에 담고 있었던 다수의 재일조선인들(이들의 규모에 대해서는 이 장에서도 다루어 질 것이다)이 있었음에 틀림이 없다. 민전과 그 후신인 조총련은 모두 일본과 북한 양국 정부에 대해 이 문제를 제기했었다. 일부 일본정부의 당국자는 재일조선인들의 북한귀국을 오무라 수용소 문제 그리고 직·간접적으로 생활보조금에 의존하고 있는 수십만의 빈곤한 재일조선인들로 인해 파생되는 문제를 해결할 수 있는 하나의 대안으로서 생각했다. 하지만 그들은 동시에 북한으로의 귀국이 초래할 한국의 반발에도 매우 신중했다. 이 점에서 일적은 귀국사업을 실현시킬 가장 현실적인 대안은 ICRC의 공정한 감시를 통하는 것이라고 주장했다. 반면, 북한은 재일조선인들의 '생활안정'을 비롯해 귀국 및 오무라 수용소 문제를 재일조선인 사회에 대한 영향력을 확대하고 이를 통해 일본 내 정치와 사회에 대한 개입력을 확대시키기 위한 외교정책의 수단으로서 간주하고 있었다.

따라서 다양한 집단들이 귀국문제에 대해 관심을 표명하고 있으며, 때로는 각자의 목적을 달성하기 위해 이데올로기 노선을 넘어 서로 협력하기도 했다. 하지만 필자는 전술한 12월 15일에 작성된 외무성의 계획이야말로 재일조선인들의 북한으로의 대규모 귀국을 실현시키기 위한 최초의 구체적인 제안이었다고 주장하는 바이다. 전술한 바와 같이 기쿠치 요시아키는 일본의 정치인·관료 또는 일적 관련자들로부터 대규모 귀국사업 구상이 제출되었다라는 점을 부정하고 있다.[34] 1958년 이전에 대규모 귀국을 진지하게 고려했던 유일한 집단은 조총련이었다는 것이 기쿠치의 주장이다. 그는 조총련이 미래의 가능성을 상정하고 있었다고 주장하면서, 다음과 같

34) 이와 관련해 기쿠치는 그의 논문에서 다음과 같이 기술한 바 있다. "일본정부가 '집단적 귀국'을 추진하기 위해 먼저 움직임을 보였다고는 절대 볼 수 없다. 1955년 말부터 일적이 ICRC의 감시 하에 이를 수행하는 방식을 모색했다고 하지만 (중략) 이 움직임은 친 조총련계 재일조선인들의 귀국희망자들의 귀국요청을 실현시키기 위한 것이었다. 이들의 귀국희망에 대한 지원은, 인도주의적인 지원에 대한 일적의 이상과 임무에 의해 실현되었다."(菊池嘉晃, 「帰国運動·帰国事業と帰国者の悲劇」, pp.307 –308).

이 30,000에서 60,000에 이르는 장기 예상수치를 인용했다. "ICRC자료에 의하면, 조총련 관계자들은 만약 귀국사업이 시작될 경우, 약 30,000명에서 60,000명에 이르는 재일조선인들이 북한으로의 귀국의사를 보일 것으로 조사한 바 있다. 따라서 조총련 측은 귀국사업이 필연적으로 '대규모 귀국사업'이 될 것이라는 예상하에 귀국운동을 전개했다.[35] 기쿠치는 일적 또는 일본정부 측이 상정하던 수십 만 규모의 귀국예상자를 언급하지 않고 있다. 따라서 기쿠치의 이러한 언급은 마치 귀국사업이 조총련만에 의해서 추진된 것과 같은 인상을 주고 있다. 조총련에 의해서(그리고 아마도 북한당국에 의해서), 논의되었던 귀국사업의 규모와 성격에 대해서는 1955년 중·하반기에 있었던 몇 가지 사건들로부터 추정할 수 있다. 1955년 7월, 조총련은 도쿄에서 북한귀국희망 재일조선인 집회를 조직했다. 이 집회에서 재일조선인 북한 귀국희망자의 규모는 전국적으로 410명이었고, 이 중 도쿄지역 거주자는 약 백여 명 정도로 보고되었다.[36] 일본공산당 기관지 『아카하타』의 보도에 의하면, 1955년 8월 28일에

---

35) 菊池嘉晃, 「帰国運動·帰国事業と帰国者の悲劇」, pp.307-308.
36) 金英達·高柳俊男編, 『北朝鮮帰国事業関係資料集』, 新幹社, 1995年, p.349.

귀국희망자 대표들이 일적을 방문했다. 이 보도에서는 보다 많은 수치를 제시하고 있다. 즉 약 500여 명의 도쿄 지역 재일조선인 기술자 및 일반인이 북한귀국을 희망하고 있고, 전국적으로 그 규모는 천여 명 정도가 된다는 것이다.[37] 앞서 언급한 1956년 2월 14일에 열렸던 국회 외무위원회에서, 조총련 관계자는 전국적으로 약 1,424명이 북한귀국을 희망하고 있는 것으로 추정되며, 향후에는 보다 많은 재일조선인들의 귀국희망자가 나올 것이라고 발언했다.[38] 북한잔류 일본인들의 귀환이 이루어지기 직전인 1956년 4월, 일적 본사 앞 광장에서 재일조선인 북한귀국희망자들에 의한 데모가 발생했다. 당시 일본의 미디어는 데모 주동자들의 발언을 빌어 전국적으로 북한귀국희망자는 약 2,050명이라고 보도했다[39].

　　1955년 12월 15일자 일본 외무성의 계획은 보다 광범위한 재일조선인들, 특히 '생활빈곤자'들의 동향을 조사한 결과였던 것으로 보인다. 일본 측의 자료에 의하면, 1956년 초반 이후 이 '생활 빈곤자'라는 표현은 '일부 재일조선인'이라는 문구로 대체되지만, 이 문구가 가지는

---

37) 『アカハタ』 1955년 9월 30일자.
38) Morris-Suzuki, *Exodus to North Korea*, p.96.
39) 『朝日新聞』 1956년 4월 7일자.

실질적인 의미는 일적 외사부장 이노우에 마스타로가 작성했던 두개의 보고서, 즉 「일부 재일조선인의 귀국문제(一部在日朝鮮人の帰国問題)(1956년 10월)」와 「재일조선인 귀국문제의 진상(在日朝鮮人帰国問題の真相) (1956년 11월)」에서 분명히 드러난다. 후자의 경우, 재일조선인사회에 대한 상세한 통계자료를 통해, 높은 실업과 비정규 고용 또는 '반 사회적' 고용 비율이 강조되어 있다. 이노우에는 이 '반 사회적 고용을 파칭코, 밀주, 고물 수집 등의 업종에서의 노동활동을 의미하는 용어로 사용하고 있다. 이 보고서는 또한 재일조선인들의 대다수가 생활보조금에 의존하지 않으면 살아갈 수 없다는 점도 강조하고 있다. 이노우에는 이러한 문제들이 재일조선인 사회의 역사와 구조에 깊이 연유하는 것으로, 단순히 경제성장만으로는 해결될 수 없다고 주장한다. 그리고 그는 이러한 통계수치들이 의미하는 바는 다음과 같다고 결론짓는다. "일부 재일조선인들은 현재의 같은 일본의 환경에서는 제아무리 노력해도 결코 살아갈 수 없으며, 가까운 미래에도 해결될 기미 또한 보이지 않는다고 생각하고 있다. 그들에게 남은 유일한 대안은 귀국 뿐이다".[40]

---

40) Inoue Masutarô, and Fundamental Conditions of Livelihood of Certain Koreans Residing in Japan, Tokyo, Japan Red Cross

이노우에는 또한 이러한 생각을 가진 재일조선인들의 숫자를 60,000명으로 명시하고 있다. 이미 다른 논문에서 언급한 바 있지만, 일적 측은 이 숫자가 1956년 1월 13일 이전 모일에 조총련으로부터 입수된 정보에 근거한 것이라고 주장하고 있다.[41] 하지만 이 단계에서 1955년 12월 15일자 외무성 계획에 준해 조총련이 실제로 조사 활동을 한 흔적은 찾아볼 수 없다. 사실 조총련이 한달도 채 되지 않은 기간에 그러한 대규모 조사작업을 완수하기란 현실적으로 불가능했을 것이다. 물론 이 수치의 출처가 조총련의 관계자일 가능성은 충분히 존재한다.

Society, 1956, p.57.

41) '조총련이 제공해준 북한귀국희망자의 규모'로서 60,000이라는 수치는 일적을 통해 ICRC에게 전해진 바 있다("Exposé synoptique du télégramme de la Croix-Rouge japonaise du 13 janvier 1956", in ICRC Archives, B AG 232 105-002). 필자의 저서에서도 이 점은 인용된 바 있다(Morris-Suzuki, *Exodus to North Korea*, p.93). 가와시마 교수 또한 필자의 저서를 인용하면서, "1955년 12월 이래, 이 수치는 귀국예상자 규모로서 누차 일적 측에 의해 인용되어왔다. (중략) 이 수치의 출처는 미스테리다"라고 한 필자의 기술을 '악질적인 거짓말'이라고 규정하고 있다(川島高峰,「北朝鮮帰還事業, 今, その真実を語る」, p.100). 하지만 본 논문에서 밝혔듯이 이 수치의 출처는 진정으로 미궁 속에 있다. 조총련측은 다른 장소에서 전혀 다른 수치를 이야기하고 있었다. 그리고 이것이 어떠한 근거로 산출된 것인지, 그리고 누가 그러한 계산을 했는지도 알 길이 없다. 다만 필자는 이 문제에 대해 좀더 의미있는 논의들이 있기를 바랄 뿐이다.

하지만 1955년에서 58년 사이에 조총련 또는 북한당국이 귀국사업을 정치적으로 추동하기 위해 귀국자 수가 60,000에 이를 것이라고 주장한 문건은 아직 발견된 적이 없다.

하지만 이 문제에서 보다 흥미로운 사실은, 1956년 1월 27일부터 2월 28일까지 평양에서 진행되었던 북한의 조적과의 교섭에 대해 이노우에가 ICRC의 보아쉐 위원장에게 보냈던 장문의 상세한 보고서에서 발견된다. 보고서에서 이노우에는 교섭 중에 마련된 수차례에 걸친 비밀회담 중에, 재일조선인의 북한으로의 '대규모 귀국의 필요성'을 얼마나 정렬적으로 북한 측에 설득하고자 했는지를 상세하기 기술하고 있다.[42] 그리고 그는 "일단 집단적 귀국으로의 길이 열리게 되면, 생계가 어려운 모든 재일조선인들이 북한으로의 귀국을 요구할 것이다. 조총련은 이 경우 약 60,000명의 재일조선인들이 귀국하게 될 것이라고 추정하고 있음은 이미 보고한 바대로다"라면서, 보아쉐에게 60,000명의 수치를 다시 한번 각인시키고

---

42) Masutaro Inoue, Report of the Phyongyang Conference held by Japanese and North Korean Red Cross Societies (January 27th－February 28th 1956), March 17 1956, p.3, in ICRC Archives, B AG 232 055－001, p.17.

있다.[43] 즉, 60,000이라는 수치는 생계유지가 어려운 모든 재일조선인들이 귀국을 자원할 경우 조총련이 추산한 귀국자의 규모를 의미하는 것이었음을 알 수 있다. 이는 1956년 초반에 실제로 등장한 귀국희망자의 수치와는 전혀 다른 차원의 문제이다. 나아가 이노우에는 이와 같은 대규모 귀국이 대외석으로는 잠재적으로 북한의 군사력을 강화시키고 이로서 1953년 체결된 한국전쟁 휴전협정에 저촉될 수도 있는 것으로 간주될 수 있다고 까지 분석하고 있다. 이노우에가 북한 측과의 교섭과정에서도 60,000이라는 수치를 거론했는지는 확일할 수 없다. 하지만 그가 대규모 귀국과 휴전협정 간의 문제에 대해 언급했음은 분명하다. 그리고 그는 사실상 휴전협정이 전혀 문제가 되지 않는다는 결론을 내리고 있다. 이 문제와 관련해 이노우에는 제네바에 보낸 보고서에서 다음과 같이 기술하고 있다. "한국전쟁으로 인해 중단되었던 대규모 귀국을 다시 재개하는 것은 가능하며, 그 규모가 60,000명이라도 이는 과거 한반도로의 공식적인 인양(1945-50년)당시의 규모에 비하면 6%에 불가한 것으로 그들이 휴전협정을 위반할 것이라고는 생각하기 어렵다. 무엇보다

---

43) Masutaro Inoue, Report of the Phyongyang Conference, p.17.

인도주의적 관점에서 보면 그러하다".[44]

하지만 이노우에는 북한 측이 재일조선인의 대규모 귀국에 대해 관심을 보이고 있지 않다는 점도 깨닫고 있었다. 북한 측은 이보다는 "재일조선인의 대규모 귀국보다 그들의 생활안정문제로 논점을 옮겼다. 이 문제가 더욱 중요한 문제이며, 실제로 귀국자들은 1,000명 정도일 것이기 때문이라는 것이다"[45]. 이 보고서에서 1956년 초반 당시 북한당국자들은 재일조선인들의 '생활보장' 문제에 보다 관심을 가지고 있었다는 점이 분명히 확인된다. 북한에게 있어 귀국문제는 우선순위가 아니었으며 그들의 발언에서 60,000 규모의 귀국자 수치는 어디에서도 발견할 수 없다. 이와 반대로 이노우에는 다음과 같이 북한 측을 설득하고 있었다. "재일조선인들의 대규모 귀국이야말로 그들의 생활을 안정시키는 최선의 방법이며, 동시에 일본 측 또한 그 필요성에 동의하고 있다. 현 시점에서 이 방법이 아니고서는 문제해결은 불가능하다".[46] 평양회담이 있은 지 한달 후, 이노우에는 ICRC 사무국장인 로저 갈로핀(Roger Gallopin) 앞으로도 다음과 같은 전문

44) Inoue, Report of the Phyongyang Conference, p.18.
45) Inoue, Report of the Phyongyang Conference, pp.18 – 19.
46) Inoue, Report of the Phyongyang Conference, p.19.

을 보냈다. "북한으로 귀국하고자 하는 재일조선인의 숫자는 60,000명 정도이다. 이는 최소한의 수치이며, 그 이하일 경우 재일조선인의 생활안정에는 전혀 영향을 주지 못할 것이다". 그는 계속해서 "만일 60,000명의 재일조선인의 귀국이 실현되기 위해서는 도항수단의 문제가 있다"라며, 단기간에 대규모의 인파들을 일본에서 북한으로 이동시킬 다양한 운송루트에 대한 상세한 분석을 첨부했다.[47]

갈로핀에게 서간을 보낸 직후, 이노우에는 일적 최고 자문위원회 총회에서 다음과 같이 발언했다. "재일조선인의 생활보장문제를 해결하기 위해서는 올해 안에 60,000명의 재일조선인들을 귀국시키지 않으면 안 된다". 이 자리에서 이노우에는 사회당의원인 마쓰오카 고마기치(松岡駒吉)가 자신의 의견에 특별이 지지를 보였고, 뿐만 아니라 그 외 다른 모든 참석자들이 "나의 의견에 찬동"했다고 ICRC 측에 보고했다.[48] 1956년 4월에서 5월에 걸쳐 ICRC 대표로서 윌리엄 미첼(William Michel)과

---

47) Letter from Inoue Masutarô to Roger Gallopin, 26 March 1956, ICRC Archives, B AG 232 105-002, Problème du rapatriement des Coréens du Japon, dossier I - Généralités, 27/02/1953-11/10/1957.

48) Letter from Inoue to Boissier, 31 March 1956, ICRC Archives, B AG 232 105-002, emphasis added.

유진 드 위크(Eugène de Weck)가 이 문제를 논의하기 위해 동아시아 각 국가들을 방문했을 당시, 후생성 관리는 귀국가능한 재일조선인 숫자로서 60,000을 제시했다. 특히 이러한 규모로 재일조선인들이 북한으로 귀국한다면, 일본정부는 그들의 교통 및 도항비용을 부담할 수도 있다고까지 언급했다.[49] 이상의 인용들에서 확인되듯이, 먼 미래의 가능성이 아니라 당장 귀국이 실현되어야 현실적인 것으로서, 60,000명이라는 수치는 수 차례 반복되어 거론되고 있었다.

60,000명의 재일조선인 귀국자에 대한 이노우에의 집착에 담긴 속내는 전술한 그의 글들에 노골적으로 드러난다. 전술한「일부 재일조선인의 귀국문제」에서 이노우에는 다음과 같이 기술하고 있다. "솔직히, 이러한 문제성 있는 재일조선인을 귀국시키는 것은 일본정부의 이익을 위한 것이다. 일본정부는 이들의 생활보조금을 지불하기 위해 연간 약 24억 엔을 쓰고 있다. 외국인들을 위

---

49) "Déroulement de la visite des délégues du CICR au Japon", 27 May 1956, p.1, in ICRC Archives, B AG 232 105-002, p.7; 같은 해 8월 아사히 신문의 관련기사를 보면, 당시 귀국희망자 수는 약 3,000명 정도로 추산되고 있었지만, 일본의 '관계당국'은 장래에 귀국사업 실시 계획이 공표될 경우 그 수는 최소한 60,000명으로 확대될 것으로 예상하고 있었다고 보도하고 있다(『朝日新聞』 (夕刊) 1956년 8월 8일자).

해 이처럼 국고를 쓰고 있는 나라는 없다. 통상 스스로 생계를 꾸려가지 못하는 외국인들은 추방되기 마련이다".[50] 다만 이노우에는 민주국가로서 일본은 단순히 재일조선인들을 집단적으로 추방할 수는 없다고 말하고 있다. 즉 빈곤한 재일조선인 스스로의 자원에 의한 귀국이야말로 일본의 국익에 맞는 것이라는 주장이다. 이 주장에서 보이는 결정적 사실은 이러한 생각이 편협한 한 개인의 견해가 아니라는 점이다. 이노우에의 이 두 보고서는 시마즈 다다츠구를 비롯한 일적 지도부들에 의해 읽혀지고 승인된 것이다. 특히 시마즈는 이 보고서를 ICRC와 일본 정부에 공식적으로 제출했었다. 게다가 시마즈는, 이노우에의 「일부 재일조선인들의 귀국문제」가 "비공식적인" 보고서이지만, "이 문서의 내용은 외무성과 기타 관련부처에 의해 신중히 검토되고 통과된 것이기 때문에 일본 정부의 전면 승인하에 작성된 것으로 간주 될 수 있다"라고 ICRC 측에 전한 바 있다.[51]

---

50) Japan Red Cross Society, The Repatriation Problem of Certain Koreans residing in Japan, October 1956, pp. 17-18; in ICRC Archives 232 105-027, Documentation concernant le rapatriement des Coréens et des pêcheurs japonais détenues à Pusan, 10/10/1956-04/03/1959.

51) Letter from Shimazu Tadatsugu to Leopold Boissier, 28 February 1957, ICRC Archives B AG 232 105-002.

시마즈 스스로도 1956년 7월에 작성된 전문을 통해 이노우에와 동일한 입장을 피력하기도 했다. "재일조선인들은 한반도의 남과 북 어느 쪽으로도 돌아갈 수 없다. 일본인 스스로도 일자리를 찾기 힘든 상태의 일본사회에서 재일조선인들은 어떠한 생활수단도 가질 수 없다. 생활보조금의 총액이 절감되는 동안, 재일조선인들은 암시장 거래를 할 것이며 이 때문에 소송에 걸릴 것이다. 이러한 상황은 일본의 평균적인 생활수준이 향상되는 것과는 반대로 그들은 보다 어려운 환경 속에 몰릴 것이다. 따라서 그들이 살아갈 수 있는 유일한 방법은 건설을 위해 노동력을 필요로 하는 북한으로 귀국하는 것이다".[52] 윌리엄 미첼은, 1956년 동아시아 파견 조사활동 결과를 ICRC에 보고한 문서에서 "일본내각의 여러 관계 성청 책임자들"과의 만남 속에서, ICRC 대표단은 "일본정부가 재정적인 그리고 치안상의 이유 때문에, 약 60,000명의 재일조선인들을 그들의 영토에서 몰아내기를 열망한다"고 결론지은 바 있다.[53]

----

52) Letter from Shimazu to Boissier, 19 July 1956, ICRC Archives B AG 232 105 – 004, Problème du rapatriement des Coréens du Japon, dossier III: rapatriement de 48 Coréens en Corée – du – Nord, 28/05/1956 – 03/12/1957.

53) ICRC, minutes of the Conseil de la Presidence, Thursday 19 June 1956, p.6, in ICRC Archives B AG 251 075 – 002, Mission de

7. 열망에서 실천으로

빈곤한 재일조선인들을 대규모로 방출시키고자 한 열망(이 열망이 인도주의적인 동기에 의해서였든, 보다 냉소적인 이유에 의해서였든 간에)은 단지 열망에만 머물렀을까 아니면 행동으로 옮겨졌을까? 1955년 말 이후부터 귀국사업을 추진하기 위해 일적이 정부 측과 긴밀한 협의를 통해 중요한 일련의 조치를 취해왔다는 점에 대해서는 이론의 여지가 없어 보인다.[54] 1956년 48명의 재일조선인 귀국희망자의 데모에 직면해 있던 일적은 그들을 태워 보낼 귀국선을 수배하는 한편, ICRC를 개입시키기 위해 매우 정열적으로 활동했다.[55] 일본정부의 비

William H. Michel et d'Eugène de Weck, du 27 mars au 2 julliet 1956, visites aux Sociétés nationals et problème du rapatriement de civils entre la Corée et le Japon, première partie, 01/03/1956 – 06/08/1956. 이 회의록에서는 60,000명이 재일조선인 인구의 약 60%에 해당한다고 기록되어 있다. 이는 10%를 잘못 표기한 것이다.

54) 기쿠치는 자신의 단독저서에서 일적이 취한 일련의 조치들에 대해 언급한 바 있었지만, 공저서에서는 관련된 기술들을 모두 생략했다(아마도 지면상의 문제일 것이라 생각된다). 공저서에 부록으로 수록된「북한귀국문제관련 연표(北朝鮮帰国事業関連年表)」에서조차 관련사항이 모두 빠져있다(坂中英徳・韓錫圭・菊池嘉晃『北朝鮮帰国者問題の歴史と課題』, pp.320－337).

55) 이는 북한정부가 내각명령 제53호〈일본으로부터 귀국할 재일

밀해제 문서에는 이와 관련해 다음과 같은 기록이 남아 있다. "일적 외사부장 이노우에는 48명의 재일조선인의 귀국을 실현시키기 위해 대단한 노력을 보였다. 그는 ICRC의 여행비자와 귀국희망자들의 자비출국, 그리고 외국선박의 이용 등의 방법을 통해 그들을 귀국시키고자 했다. 만일 이 시도가 성공할 경우, 점차로 많은 재일조선인들이 귀국을 자원하게 될 것이라는 것이 이노우에의 생각이었다. 심지어 그는 많은 귀국자들이 (북한행) 배에 승선할 수 있도록, (일본 선박이었던) 코난호(湖南号)를 스위스 선박으로 재등록하는 방안까지 검토하기도 했다.[56]

조선인의 생활을 안정화시킬 것에 대하여)를 하달하고 있던 와중에 전개되었다. 가와시미 다케미네는 이 명령을 매우 결정적인 발견인 것처럼 말하고 있지만, 이에 대해서는 이미 필자의 저서 『Exodus to North Korea』에서 그 존재를 지적했었고 인용도 했었다(p.130). 가와시마는 나아가 조만간 "배일에 가려졌던 첫 귀국선"의 실체를 드러내겠다고 공언하고 있다(川島高峰, 「北朝鮮帰還事業」, p.98). 재일조선인들을 태운 첫 귀국선은 노르웨이 국적의 선박 하이리(Hai Lee)호로, 이노우에 마스타로의 적극적인 로비활동에 의해 수배가 가능했다. 이 배는 1956년 12월 6일 당초 48명의 귀국희망자 중 20명과 그 외 3명을 추가적으로 태워서 모지(門司)항을 출항했다. 나머지 28명도 이노우에의 지속적인 원조로 1957년 3월 31일 일본어선을 타고 하카타 항을 출발해 4월 4일 무사히 북한의 청진항에 도착하게 된다(「日韓国交正常化交渉の記録総説6」, p.64). 가와시마 교수가 첫 귀국선과 관련해 과연 어떠한 실체를 드러낼지 사뭇 기대가 된다.

56) 「日韓国交正常化交渉の記録総説6」, pp.63-64.

1956년에서 1957년에 걸쳐, 귀국문제는 실제로 일적 지도부들과 ICRC관계자들이 관여하는 사업들 중 가장 중요한 사안이 되었다. 귀국사업을 실현하기 위해 그들이 취한 조치는 다양하고도 복합적이다. 여기서는 가장 중요한 몇 가지를 간추려 보기로 한다.

1. 일적은 북한의 조적 측과의 긴밀한 서면접촉[57]은 물론, 1956년 1월에서 2월, 그리고 6월에 최소한 두 번 이상의 직접회담을 통해, 북한 측에 재일조선인들의 대규모 귀국의 '필요성'에 대해 정열적인 설득작업을 펼쳤다.[58] 일적 측과 초기에 나눈 각종 서간과 전문 그리고 직접회담 등을 통해, 북한당국자들은 일본이 ICRC를 개입시키고자 하고 있으며, 이는 한국의 반대를 극복하기 위해서라는 사실을 인지하게 된다. 1956년 6월의 회담에서는 특히 자비로 귀국할 능력이 없는 재일조선인 귀국희망자들에게 일본과 북한이 취할 수 있는 조치들에

---

57) 예컨대 Shimazu to Li Byung-Nam, 6 June 1956, ICRC Archives B AG 105-002을 참조하기 바람.

58) Inoue Masutarô, "Report of the Red Cross Conference Held by the Japanese and North Korean Red Cross Societies, January 27th – February 28th 1956", ICRC Archives B AG 232 055-001, pp. 17 and 19; Shimazu to Li Byung-Nam, 6 June 1956, ICRC Archives B AG 105-002; Inoue to Boissier, 2 July 1956, ICRC Archives B AG 232 105-002; Inoue to Boissier, 16 June 1956, ICRC Archives B AG 232 105-004.

대한 상세한 논의들이 이루어지기도 했다.[59)]

　2. 북한으로의 귀국자들을 태워 보낼 적당한 운항수
단을 찾아내는데 실패한 후,[60)] 일적은 1956년 6월 초순

---

59) Inoue to Boissier, 2 July 1956, ICRC Archives B AG 232 105 − 002;
see also Inoue to Boissier, 16 June 1956, ICRC Archives B AG 232
105 − 004, 이 회담은 이노우에 주도로 마련된 것임에 틀림이 없
다. 이와 관련해, 박정진은 이 회담이 "일적 본사 광장 앞에서 연
좌시위를 벌이고 있던 47명(이후 48명)의 귀국문제를 의제로 하
고 있었다. 이 회담 결과 양 측은 ICRC의 여행비자를 받아서 홍
콩 또는 상하이 등 중국을 경유하는 방식으로 그들을 귀국시키
는 방안에 대해 합의했다"라고 기술하고 있다(朴正鎭「冷戰期
日朝関係(1945 − 1965)」p.320). 하지만 이노우에는 귀국문제에
대한 보다 장기적인 맥락 속에서 이 회담을 보고 있었다. 47명
(이후 48명)의 귀국자들은 자비출국을 전제로 북한으로의 귀국
을 일본정부로부터 이미 승인받은 상태였다. 텐진에서 있었던
이 회담에서 구두합의 된 사항은 자비출국이 어려운 사람들의
경우, 일제시대에 강제징용 또는 강제입영 된 사람들에 한해 일
본정부가 비용을 지불하겠다는 것이었다. 한국과의 회담이 미
묘하게 얽혀있었기 때문에, 당초 자비출국이 어려운 모든 재일
조선인들에게 소요되는 부담은 일단 북한 측이 부담하고, 한국
과의 회담진전 추이를 본 후, 그 다음에 필요한 추가 경비는 일
본 측이 지불하기로 했었다. 이와 관련한 보다 자세한 내용은
Inoue to Boissier, 2 July 1956, ICRC Archives B AG 232 105 − 002
을 참조하기 바람.

60) 일적은 재일조선인들을 태울 선박의 배선을 홍콩에 적을 둔 영
국선박회사 버퍼필드(Butterfield)사에 의뢰한 바가 있었다. 당시
일적의 시마즈 사장은 이 선박회사 사장에게 "한국정부의 반대
없이 재일조선인들을 북한으로 안전하게 귀국시키는 선례를 남
기기 위해" 배선을 의뢰한다는 내용의 전문을 보냈었다(Shimazu
to Carey, 11 June 1956, in ICRC Archives B AG 232 105 − 004). 하

경에 소련 선박을 수배할 계획을 세우고, 소련정부에게 이를 요구하기 위해 북한의 조적을 이 계획에 적극적으로 동참시키려고 했다. 실제로 소련에 대한 북일 양국 적십자의 공동요구는 실천으로 옮겨졌다. 하지만 당시까지만 해도 소련은 일본과 아직 외교관계와 직항로를 가지고 있지 않았기 때문에 이 요구는 거절되었다. 그러나 일소 국교정상화가 이루어진 후인 1958년 6월, 일적은 조총련과 친북 민간단체인 일조협회 그리고 북한과 밀접한 연계를 가지고 있던 정치인을 대상으로 북한정부와 접촉하여 소련정부가 귀국선을 배선할 수 있도록 해 줄 것을 재차 요구했다.[61] 소련이 북한의 조적에 크릴리온(Kryl'ion)과 토볼스크(Tobol'sk)라는 이름의 두 척의 배를 제공하고, 이 배들이 귀국사업 개시 초기에 공식 귀국선으로서의 역할을 하게 된 배경에는 이러한 막후교섭이 자리하고 있었던 것이다.

지만 이와 관련한 정보를 입수한 한국정부는 버퍼필드사에 일적의 의뢰를 철회하도록 압력을 가했다.

61) Inoue Masutarô, "Report: Visit to the Omura Detention Camp, June 28 1958, p. 8. ICRC Archives, B AG 232 105 – 006, Problème du Rpatriement des Coréens du Japon, dossier V: année 1958, 10/10/1958 – 15/12/1958. Memo from International Committee of the Red Cross Japan Delegation (Harry Angst) to ICRC Geneva, "Distribution of Monetary Relief from the North Korean Red Cross Society among the inmates of the Omura Immigration Center on June 28 1958", 3 July 1958, p. 4. ICRC Archives, B AG 232 105 – 006.

3. 일본정부의 전면적인 양해와 지원 하에 이루어진 일적의 이러한 집요한 로비활동은, 1957년부터 ICRC의 개입을 통해 집단적 귀국사업을 성사시키기 위한 예상 가이드라인을 구체화하기에 이른다. 이 가이드라인은 1959년에 실제로 귀국사업이 착수되는데 기초가 되는 주요 조치로 현실화되었다.[62)]

1957년 초반까지 이루어진 일본 측의 이러한 이니셔티브들은 재일조선인들의 북한귀국에 대한 일본정부의 진지한 관심을 북한 측에 환기시켜왔고, 귀국사업계획에 참여하도록 ICRC를 설득해왔으며, 귀국사업 수행 시 사용될 선박의 배선을 위한 교섭을 주도해 왔다. 하지만 이러한 이니셔티브들은 한국의 예기치 않은 격렬한 저항을 불러일으키기도 했다. 이는 일본인 어부들을 나포하고 억류자를 늘리는 식의 보복으로 나타났다. 그 결과 1957년 한해 동안 일본정부는 한국과의 긴장상태, 특히 억류 일본인 어부 문제를 해결하는 것으로 관심의 초점을 돌리지 않을 수 없게 되었다. 하지만 그렇다고 해서 귀국사업 추진을 위한 구상이 폐기된 것은 아니었다. 1957년부

---

62) Shimazu to Boissier, 12 January 1957, ICRC Archives B AG 232 105 −005; Boissier to Shimazu, 26 February 1957, ICRC Archives B AG 232 105−005.

터 1958년 상반기에 이르기까지, 일본정부는 한국과의 갈등을 해결하기 위해 노력했고, 한편 일적은 ICRC가 귀국사업에 있어 중심적인 역할을 하면서 귀국선의 배선을 알선하기 위한 로비활동을 지속했다. 귀국사업에 ICRC를 개입시키는 것이야말로 한국의 반대를 회피하기 위한 가장 효과적인 방법이었다고 확신하고 있었기 때문이다.[63]

귀국사업을 제대로 이해하기 위해서는, 북한 측과 일본 측의 동향이 결코 서로 단절된 상태에서 전개되지 않았음을 인식하는 것이 무엇보다 중요하다. 양 측은 지속적인 접촉을 했었고, 각각 이에 반응해 행동했다(물론 각각의 반응이 상대편의 예상에 항상 들어맞는 것은 아니었다). 1958년 중반에 김일성이 재일조선인을 집단적으로 귀국시키겠다고 결심하게 된 것은, 일본정부가 이를 강하게 원하고 있지만 이 때문에 한일관계를 악화시키게 될 것을 두려워하고 있으며, 따라서 ICRC의 적극적 개입을 주장하고 있다는 점을 숙지하고 있었기 때문에 가능했을 것이다. 이 점에서 보면, 북한의 전술의 일부가

---

63) 예컨데, Shimazu to Boissier, 12 January 1957, ICRC Archives B AG 232 105-005; Durand to Angst, 1 May 1957, ICRC Archives B AG 232 105-005, Problème du rapatriement des Coréens du Japon, dossier III, 16/07/1956-08/01/1958.

매우 선명하게 드러난다. 특히 북한이 돌연 ICRC의 개입을 강하게 반대하면서 대규모 귀국사업을 추진하고자 한 것은, 급진전 단계에 있던 한일관계에 최대한의 충격을 가하기 위해 취해진 면밀히 계산된 행위였다는 점을 분명히 알 수 있다.

8. 자유의지의 확인

여기서 몇 가지 문제를 좀 더 토론하고 넘어가자. 귀국문제와 관련한 최근의 저작들은 귀국사업을 추진했던 일본정부와 일적의 행위들은 진정한 인도주의에 입각한 것이었다고 주장하고 있다. 그 근거로서 재일조선인들이 북한행을 최종적으로 선택하는 단계에서 ICRC에 의해 그들의 '자유의사에 대한 확인'절차를 거쳤다는 점이 이를 증명한다는 것이다. 기쿠치 요시아키는 귀국문제 발생의 배경에는 재일조선인들에 대한 일본인들의 편견이 존재한다는 점을 인정하면서도, "일본정부와 일적이 ICRC의 입회 하에 재일조선인들의 자유의사에 대한 확인절차를 가졌다. 이는 전후 직후에 있었던 남한지역으로의 귀국사업 당시에는 취해지지 않았던 절차"라는 점, 그리고

"이것이 이후 귀국사업이 초래한 '비극'을 막을 만한 충분한 조치는 될 수 없었더라도, 이는 최소한 재일조선인의 바램을 존중하기 위한 필수적인 조건이었다"라고 강조하고 있다.[64] 그는 1959년에서 67년 사이에 귀국희망신청을 한 141,892명의 사람들 중 약 25%에 해당하는 사람들이 귀국 최종단계에서 마음을 바꿔 일본에 남기로 했다고 지적한다. 달리 말하면, ICRC에 의해 취해진 감시활동, 즉 ICRC가 니가타 항에서 모든 귀국희망 재일조선인들을 만나 인터뷰하고 그들이 자발적으로 북한을 향하고자 했는지 일일이 확인함으로 해서 일본정부와 일적은 북한에서 맞이하게될 불행한 운명으로부터 많은 이들을 구해낼 수 있었다는 것이다.

하지만 기쿠치의 이러한 주장은 귀국사업의 전개과정에 대한 잘못된 해석이다. 귀국의사를 변경한 대다수의 사람은 ICRC의 입회 또는 그에 의한 '자유의지의 확인' 절차와는 상관없이 그러한 결정을 내렸다. 거의 대부분의 사람들이 자유의지를 확인하는 절차가 있기 전에 자신들의 귀국지원신청을 철회하거나, 아니면 단순히 니가타행 열차를 타지 못했기 때문에 귀국을 포기하거나 했

---

64) 菊池嘉晃 「帰国運動・帰国事業と帰国者の悲劇」, p.303.

다. 일례로, 1960년 5월까지 23,712명의 사람들이 실제로 귀국했고, 277명이 일본잔류를 택했으며, 수백 명 이상의 사람들이 자신들의 귀국계획을 변경했다. 대부분 다음번 귀국선을 타기 위한 것이 그 이유였다. 주목할 것은 일본에 잔류하기로 한 277명의 사람들 중 276명이 니가타로 가기 전에 마음을 바꾸었으며, 정작 니가타에 설치되었던 귀국센터에서는 4명의 재일조선인들이 '자유의사의 확인' 절차를 밟은 후 행방불명이 되었다. 오직 6명만이 니가타에서 ICRC 대표들 앞에서 '자유의지 확인' 절차에 응해 자신들의 결정을 번복했었다.[65] 과거 귀국자의 증언과 ICRC문서에서 확인되는 사실은 귀국행에 오른 많은 재일조선인이 귀국사업 진행과정에 있어 ICRC의 역할이 무엇인지조차 분명히 알고 있지 못했다는 점 뿐이다.[66]

사실 ICRC의 '자유의지 확인' 절차는 너무도 많은 제

---

65) André Durand, "Aide Memoire: Rapatriement des Coréens du Japon", 23 June 1960, pp. 7-8, in ICRC Archives, B AG 232 105-019, Problème du rapatriement des Coréens du Japon, dossier XVI, 1960 14/01/1960-30/12/1960.

66) ICRC chief delegate André Durand noted that Koreans in the Niigata Centre often mistook the ICRC representatives for "Russians or Americans"; Durand to ICRC, 14 March 1960, in ICRC Archives, B AG 105-016, Problème du rapatriement des Coréens du Japon, dossier XIV, 05/01/1960-08/04/1960.

약들과 타협의 산물에 발목잡혀 거의 실효성을 보이지 못했다. ICRC 대표들은 니가타에서 자유의지 확인을 공식적으로 수행하기 위해 니가타에 설치한 소위 '특별실' 이외의 장소에서 귀국희망자들을 대면할 기회를 거의 갖지 못하고 있었다. 조총련을 통한 북한의 격렬한 반대에 직면한 일본정부는 귀국희망자들과의 면담은 개인이 아닌 가족단위로만 이루어지는 것에 동의하고 있었고, 이조차 매우 제한된 범위의 일반적인 질문만이 그들에게 던져졌다. 무엇보다 중요한 사실은 일적대표들, 일본정부 대표들, 그리고 호아시 게이(사회당), 이와모토 노부유키(岩本信行, 자민당), 그리고 호즈미 시치로(穂積七郎, 사회당) 등 정치인 대표 간의 협상과 타협에 의해, 귀국안 내절차에 대한 타협안이 만들어졌고, 여기서 '특별실'조차 개조의 대상이 되었다는 점이다.[67] 니가타 적십자 센터 내 설치된 '특별실'은 '비밀실'이어서는 안되며, 출입문도 철거된 일반 공간이어야 한다는 것이다.[68]

---

67) 「日韓國交正常化交渉の記録総説 6」, p.206.
68) "Supplementary Explanations on Certain Aspects of Actual Operations of Repatriation Work", 28 October 1959, in ICRC Archives, B AG 105-013, Problème du rapatriement des Coréens du Japon, dossier XI, 11/10/1959-29/12/1959; 일본어 판을 확인하려면, 日本赤十字社 『日本赤十字史稿-昭和31年~昭和40年』 第7巻, 1986年, pp.204 and 208을 참조할 것). 가와시마 교수는

이처럼 비상식적인 건물 구조변경은 제네바의 의구심을 불러왔고, 도쿄에 상주하고 있던 ICRC 대표단장인 오토 레너(Otto Lehner)는 곧 일본 측에 이의를 제기했다. "왜 문이 없는 건가? 만약 귀국희망자가 의사결정을 번복할 경우, 그렇다는 사실을 공공연하게 많은 사람들 앞에서 떠들어 대는 꼴이 되지 않나?" 이에 대한 외무성 당국자의 답변은 다음과 같았다. "니가타에 있는 특별실들의 문짝들은 다른 일반 사무실과 같이 철거되어야 하고 그 자리에 간이칸막이가 설치되어야만 한다. 물론 이렇게 할 경우 귀국희망자들을 밖에서 볼 수 없을지는 모르지만, 그들이 하는 말은 들릴 수 있다는 의문이 제기될 수도 있다. 하지만, 귀국희망자가 마지막으로 거쳐가게 될 이 특별실들은 5개씩 양쪽으로 나뉘어져 총 10개로

이와 관련해, 필자가 '특별실'이라는 명칭을 날조하고 있다고 주장한다. 그는 "니가타 센터에 자유의지를 확인하는 방들이 있었던 것은 사실이지만, 이 방들은 모든 귀국자들이 귀국선 승선에 앞서 거쳐가던 곳으로 굳이 '특별실'이라고 불리지는 않았다"고 쓰고 있다(川島高峰, 「北朝鮮帰還事業, 今, その真実を語る」, p.88). 사실 이 방들은 당시 ICRC관계자들과 일본당국자들에 의해 습관적으로 '비밀실(special room)'로 일컬어지고 있었다. 이 표현은 1959년 일적이 공식 발간한 「Guide for Mr. Returnee」(역자 주: 일본어 판의 제목은 「帰還案内」)에서도 나타나며(일본어 판에 비밀실은 '特別な一室'로 표기되어 있다), 그 밖에 이 글에서 인용한 문서들은 물론 관련한 여러 문서들에서도 등장한다.

구성되어 있다. 그 사이의 좁은 복도를 어슬렁거리면서 지나갈 사람이 있을 것이라고는 생각되지 않는다.[69] 사실 귀국사업 개시 초기 니가타 센터의 모습을 담은 기록보존소의 필름을 보면, 활짝 열려진 문 밖으로 일군의 사람들의 줄 서 있는 모습이 등장한다. 귀국희망자들은 사실상 대중들 앞에서 자신의 심경을 이야기하고 있었던 것이다.

ICRC자료들은 조총련이 재일조선인들에게 귀국사업에 참여하도록 압력을 가하고 있었다(또는 매우 예외적인 경우이긴 했지만, 귀국을 포기하게 하는 사례도 있었

---

69) 이와 관련해서는 다음의 문서를 참조할 것 "Concerning Meeting with M. Miaki, Gaimucho, Asian Department, MM. Kasai and Inoue JRCS and, for the ICRC, Mr. Lehner, Hoffmann, Gouy and Borsinger", 31 October 1959, in ICRC Archives, B AG 232 105 – 013. 이 문서는 필자의 저서에서도 인용되어 있다(Morris – Suzuki, *Exodus to North Korea*, p.213; テッサ・モーリス-スズキ 『北朝鮮へのエクソダス「帰国事業」の影をたどる』, p.279). 가와시마 교수는 필자가 『*Exodus to North Korea*』에서 특별실의 문이 철거되고 칸막이로 대체되었다고 서술한 부분에 대해 문제제기한다. 즉 필자의 이러한 서술은 허접한 '위조'에 불과한 것으로, 칸막이란 일본 전국적으로 귀국수속과 관련한 업무가 이루어지는 창구를 의미하는 것이지 귀국에 대한 자유의사를 확인하던 니가타 센터의 방들을 의미하는 것이 아니라는 것이다(川島高峰, 「北朝鮮帰還事業, 今, その真実を語る」, p.89). 가와시마 교수는 필자가 관련한 문서들에서 인용한 것을 작위적으로 만들어 낸 것으로 오인하고 있는 것이다.

다)는 점을 보여주는 몇 가지 증거들을 제시해 준다. 간헐적인 사례들을 문서에서 직접 확인하기는 어렵지만,[70] 일본에 있던 ICRC 대표들은 귀국사업의 전반적인 과정이 거의 대부분 조총련에 의해 조직화되고 있었다는 사실을 분명히 인식하고 있었다. ICRC 대표 중 한 명은 다음과 같이 보고하고 있다. "우리는 귀국희망자들이 조총련의 지시에 매우 충실하며, 그것이 북한에서의 새로운 삶을 꾸려가기 위한 가장 적절하고 확실한 방법이라고 믿고 있다는 인상을 받았다".[71] 귀국문제와 관련한 문서들에 의하면, 일적, 일본정부 그리고 경찰들조차 귀국희망자들에게 조총련이 압력을 가하고 있다는 사실을 잘 알고 있었다. 이와 같은 사실들을 알면서도, 그리고 니가타 적십자 센터 내에서 조총련 관계자들이 실세로서 군림하고 있다는 것까지 인지하고 있었음에도, 그들은 왜 귀국안내와 관련한 일련의 타협안에 침묵하고 있었을까? 이 절충안들로 인해 '자유의지 확인' 절차의 내용이 조총련 활동가들에게 전해질 가능성이 상존하고 있었다. 이에 대해 한국은 물론 미국의 강한 항의가 있었음에도 불구하

---

70) 자세한 사항은 André Durand, "Aide Memoire: Rapatriement des Coréens du Japon", p.12을 참조할 것.

71) George Hoffman, "Weekly Report for the Period from 2 November till 7 November 1959" in ICRC Archives, B AG 232 105-013.

고,72) 이러한 절충들이 지켜지고 있었던 이유는, 이노우에 마스타로의 언급을 진지하게 받아들일 경우에 겨우 실마리를 찾을 수 있다. 그는 ICRC에 의한 자유의지 확인 절차를 "한국 측으로부터 양해를 받기 위한(또는 한국의 반발을 최소화하기 위한) 하나의 수단"이라고 말했다.73) 정치적 전술 그 이상도 그 이하도 아니라는 것이다. 최근 공개 해제된 일본정부의 비밀문서들에 의하면, 실제로 자유의지 확인절차는 귀국자들의 미래를 걱정하는 차원에서라기보다는 거의 대부분이 한국 또는 미국의 반대를 무마하기 위한 문맥 속에서 이야기되고 있었다.

물론 이러한 우여곡절 속에서도 일본으로부터 북한으로의 추방은 진행되고 있었다. 귀국선에 승선한 사람들 중 약 2,300여 명은 오무라 수용소 수용자, 즉 추방대상자들이었다. 서두에서 거론한 허 모씨와 같이, 이들 대부분은 가석방 되었지만 곧이어 유효기간이 만료될 단기 비자를 지니고 있었다. 하지만 추방자들 중 421명은 오무

---

72) Telegram from Douglas MacArthur II, US Ambassador in Tokyo, to US Secretary of State, 30 October 1959, in National Archives and Records Administration (NARA), College Park, decimal file no. 294.9522/10-3059.

73) Inoue to Boissier, 31 May 1957, in ICRC Archives, B AG 232 105-005.

라 수용소에서 곧장 귀국선으로 승선한 이들이었다.[74] 이 귀국자들에게는 한국으로의 추방과 북한으로 귀국이라는 양자선택만이 주어져 있었다. 허모씨를 비롯한 많은 추방자들이 일본에 잔류하거나 제3국에 가기를 호소했지만, 이 호소가 받아들여졌는지의 여부는 불투명하다.[75] 귀국문제를 집단납치극으로 묘사한 사카나카 히데노리의 주장을 이들 추방대상자들에게 적용하는 것은 문제가 있어 보인다. 북한의 프로파간다는 그들이 한국이 아니라 북한으로의 추방을 선택하는데 영향을 끼쳤다는 점에서 분명히 비난받을 만하다. 하지만 그렇다고 해서 한국에서 그들을 기다리던 미래는 행복한 것은 아니었다. 그리고 일본의 입국관리청에 의해 북한으로 추방된 사람을 북한에 의한 피랍자로 간주하는 일본의 논객들은, 어

---

74) Immigration Control Bureau, "Monthly Report on Repatriation to North Korea no. 59", Nov. 30 1964, in ICRC Archives, B AG 232 103-030.

75) 관련한 사례들은, memo from International Committee of the Red Cross Japan Delegation (Harry Angst) to ICRC Geneva, "Distribution of Monetary Relief from the North Korean Red Cross Society among the inmates of the Omura Immigration Center on June 28 1958", 3 July 1958, p. 4. ICRC Archives, B AG 232 105-006. Angst mentions the case of two deserters from the South Korean navy who fear deportation to either half of Korea, and seek refugee status either in Japan or a third country.

떠한 경위로 그들이 납치되었는지에 대해 거의 설명하지
않는다.

9. 풀리지 않는 의문들

이상에서 드러난 역사적 사실에서 알 수 있듯이, 일
본의 유력정치인과 관료 그리고 일적은 단지 재일조선인
의 귀국계획을 세운 것만이 아니라 이를 강하게 추진하
였고, 나아가 '집단적 귀국'으로 확대시키고자 했다. 또한
이들은 당초부터 귀국사업을 추진하는데 실질적인 역할
을 할 조직으로서(여전히 다소 논쟁적인 주장이지만) 조
총련을 잠재적인 파트너로 삼고자 했다. 그런 의미에서
필자는 조총련과 북한정부는 귀국사업의 결과로 고통받
고 있는 이들에 대한 특정한 책임을 공유하고 있다고 생
각한다.

귀국을 조직하는데 있어 일본의 역할에 대해서는 아
직 많은 의문들이 남아있다. 일본정부는 ICRC에 의한 '자유
의지의 확인'을 왜 보다 효과적이고 강력하게 요구하지 않
았나? 한반도 남쪽으로의 추방을 두려워하는 조선인 밀입
국자들을 위한 대안들을 마련하지 않은 이유는 무엇인가?

보다 본질적인 의문은 많은 북한귀국자들이 가혹한 환경에서 고통받고 있다는 정보(이 정보들은 일본정부가 1960년대 중·후반에 이미 수령하고 있었다)들을 확산시키는데 실패했다는 점과 관련한 것이다. 일본정부가 수집한 귀국 관련 첩보자료 중에는 귀국자들이 일본에 남아있던 가족들에게 보낸 편지들도 포함되어 있었다. 이 편지들은 북한에서의 생활수준이 패전직전의 일본의 그것과 매우 유사하다는 사실을 보여준다. 식량을 비롯한 대다수의 생필품은 공급부족상태에 있었고, 농촌지역 주민들은 쌀 대신 보리나 밀을 주식으로 하고 있었다. 1961년 8월까지 일본 외무성 관료들은 (영국을 포함한) 동맹국들 정부로부터 모아진 정보들을 비밀리에 공유하고 있었다. 그럼에도 불구하고 (적어도 필자가 알고 있는 바에 의하면) 이들 정보들을 근거로 귀국사업을 억제하기 위한 조치들이 취해진 사례는 없다.76)

그리고 마지막으로, 왜 일본정부는 북한에서 곤경에 처해있던 (일본국적자들을 포함한) 귀국자들이 일본으로

76) 이와 관련해서는 "Information for Judgement of North Korean Situation", report prepared by Ministry of Foreign Affairs, Japan, and given to British Foreign Office(in English) as part of an exchange of information; see British National Archives, file no FO 371 – 158554.

돌아올 수 있도록 하기 위한 몇 가지 가능한 조치마저 취하지 않았나? ICRC의 '자유의지 확인'절차에 대한 북한의 반대에 의해 전격적인 타협이 이루어졌던 사안이었음에도 불구하고, 일본정부는 북일 양국 간의 상호간 자유왕래를 위한 문호개방이라는 북한의 요구를 완고하게 거부했으며, '일방통행'만이 허용된 귀국사업을 만들어내는데 협조했을 뿐이다. 일본을 떠난 자들은 재입국의 자격이 없었던 것이다.[77]

이러한 비판 또는 의문들 중 어느 것도 극도로 왜곡된 프로파간다로 재일조선인들을 귀국시키고, '귀국'한 뒤로는 온갖 박해에 시달리게 한 북한의 책임을 상쇄시

---

[77] 1957년 1월 초, 시마즈 다다츠구는 이 점과 관련해 다음과 같이 솔직하게 토로한 바 있다. "귀국자들이 북한에서 일본으로의 입국을 요청할 경우 이는 허용될 수 없다. 다시 말하면, 북한으로 귀국을 희망했던 자들의 일본 재입국은, 일부 인도주의적 경우를 제외하면, 원칙적으로 불가한 것이다. 북한 측은 인도주의적인 문제인 '거주지 선택의 자유'와 정치적 문제인 '국가 간 출입국'을 의도적으로 혼용하고 있다."(Shimazu to Boissier, "The Repatriation Problem of Koreans in Japan", 12 January 1957, in ICRC Archives, B AG 232 105-005, 12.12.1956-12.01.1957); 하지만 시마즈가 말하는 '인도주의적 사례'들 조차 현실에서는 거의 적용되지 않았다. 일례로, 1966년 한 재일조선인 '귀국자'가 스포츠 경기 참석 차 캄보디아에 머물다가 프놈펜 주재 일본 대사관에 정치적 망명을 요청한 적이 있었다. 그는 결국 캄보디아 당국자에게 넘겨진 후 북한으로 송환되고 말았다.

키지는 못한다. 그러나 귀국문제를 둘러싼 복잡한 논점들은 앞으로도 계속 이야기 되어져야 하며, 여기서 발생하는 의문들도 반드시 해소되어야만 한다. 지금 억압적인 정치·경제적 문제들을 피해 많은 사람들이 탈북을 강행하고 동북아시아의 국경들을 넘고 있다. 귀국문제를 둘러싼 의문들에 대한 해답이 그 어느 때 보다 절실한 시점이다.

서울대학교 일본연구소
Reading Japan **1**

역자후기

일본 내 귀국문제에 대한 테사 모리스
교수의 답변이 금번 한국에서 먼저 발
표되고 출판되게 되었다는 사실은 중
요한 의미를 가진다. 이 책의 발간을 계
기로, 한국에서도 이 문제에 대한 본격
적인 논의가 개시되기를 기대해 마지
않는다.

서울대 일본연구소 HK연구교수 박정진

이 책은 2010년 5월 28일 서울대학교 소천홀에서 개
최되었던 서울대학교 일본연구소 기획 특별강연, "봉인된
디아스포라: 재일조선인의 '북한행 엑서더스'를 다시 생각
한다"(Exodus to North Korea Revisited: The Repatriation of
Ethnic koreans from Japan)에서 발표한 테사 모리스 스즈
키 교수의 강연원고를 토대로 출간을 위해 새롭게 가필한
것이다. 강연당시 테사 모리스 스즈키 교수는 당시 강연
의 취지를 귀국문제를 둘러싼 "최근까지 전개된 논의들을
검토하는 한편, 최신 연구사료를 토대로 이 복잡한 역사
적 문맥을 새롭게 조명하고자 한다. 그리고 이것이 현재
의 한국과 일본 간의 역사에 어떠한 함의가 있는지를 생
각"해 보는 것에 있다고 말했다.

테사 모리스 스즈키 교수는 지난 2007년 재일조선

인 북한귀국(북송) 문제를 테마로 『Exodus to North Korea: Shadows from Japan's Cold War』를 발간한 바 있다. 이 책은 그 후속 판에 해당한다. 테사 모리스 스즈키 교수가 이 문제로 첫 저서를 발간할 당시, 일본 국내에서는 본격적인 논쟁이 촉발되고 있었다. 그 핵심적인 논제는 귀국문제에 대한 당시 '일본정부의 신방침(日本政府の新しい方針)'에 관한 깃이있다. '신방침'은 귀국문제 발생이 일본정부에 먼저 기인하며, 일본적십자사를 통해 매우 치밀하게 추진되었다는 주장으로 요약된다. 귀국문제에 있어 일본 측, 또는 일본정부 기원 테제는 곧 일본 학계는 물론 오피니언 리더들로부터도 격렬한 반론을 초래했었다. 이 책은 그 중 대표적인 논쟁주체들의 문제제기에 대한 테사 모리스 스즈키 교수의 답변이라고도 할 수 있다.

테사 모리스 스즈키 교수가 책의 본문에서도 밝힌 바와 같이, 귀국문제에 대한 본격적인 역사적 접근이 가능하게 된 것은 2005년을 전후로 급진전한 관련 사료들의 대대적인 비밀해제덕분이었다. 사료의 범위는 일본, 한국, 미국, 영국, 그리고 구 소련 및 동독의 외교문서 외에 관련단체들, 나아가 증언자료에 이르기까지 실로 글로벌하고 광범위하다. 여기서 테사 모리스 스즈키 교수는 적십자국제위원회(ICRC) 자료를 직접 발굴한 장본인이기도 하다. 여기에 그치지 않고 테사 모리스 스즈키 교수는 귀국문제를 본격적인 학문의 장으로 끌어올리는 데 선구적인 역할을 해왔다. 주지하다시피 귀국문제는 한국에서 '북송'으로 불린다. 하지만 테사 모리스 스즈키 교수는 이 '북송'이라는 용어를 채택하지 않고 있다. 이 용어 자체가 역사적 진위를 왜곡시키고 있다는 판단에서이다. '북송', 즉 귀국문제는 (남북한을 통틀어) 한국사의 중요한 굴절점이기도 하다. 하지만 아직 한국에서는 이와 관련한 본격적인 논의가 시작단계에 있다. 그 배경에는 연구자들의 탓도 있었겠지만, 무엇보다 이 문제를 둘러싼 냉전적 시각의 잔재가 오랫동안 연구의 진전을 봉인시켜왔기 때문이다. 이 점에서 일본 내 귀국문제에 대한 테사 모리스 스즈키 교수의 답변이 금번 한국에서 먼저 발표되고 출판되게 되었다는 사실은 중요한 의미를 가진다. 이 책의 발간을 계기로, 한국에서도 이 문제에 대한 본격적인 논의가 개시되기를 기대해 마지않는다.

이 책을 번역하는 데 있어 서울대 일본연구소의 남기정 교수의 치밀한 감수가 함께 했었다. 남기정 교수의 시종 꼼꼼한 체크와 수정, 그리고 적극적 제안으로 인해, 테사 모리스 스즈키 교수의 논지가 보다 선명하고 알기쉽게 전달될 수 있게 되었다. 이 자리를 빌어 깊은 감사의 말씀을 드린다. 그리고 번역과정에서 여전히 남아있을 수 있는 오류의 책임은 전적으로 역자에게 있음을 밝혀두는 바이다.

부록

- 1955년 12월 15일, 일본 외무성 아시아
- 제5과에서 「북한으로의 귀환희망자 송환문제 처리방침(北鮮への帰還希望者の送還問題処理方針)」을 작성했다. 이 계획안은 다음과 같이 일본적십자사가 북한 적십자중앙위원회를 상대로 교섭하고, 그 실시에 있어서는 재일본조선인총련합회(조총련)의 협력을 구한다는 내용을 담고 있었다.

　　1955년 12월 15일, 일본 외무성 아시아 제5과에서
「북한으로의 귀환희망자 송환문제 처리방침(北鮮への帰
還希望者の送還問題処理方針)」을 작성했다. 이 계획안은
다음과 같이 일본적십자사가 북한 적십자중앙위원회를
상대로 교섭하고, 그 실시에 있어서는 재일본조선인총련
합회(조총련)의 협력을 구한다는 내용을 담고 있었다.[1]
그 전문은 다음과 같다.

---

1) 「北鮮への帰還希望者の送還問題処理方針(1955年12月15日)」日
韓国交正常化交渉の記録総説6(在日朝鮮人の北朝鮮帰還問題
と帰還協定の締結)」문서번호126, 일본외무성의 한일회담 관련
제3차 개시결정문서, 2007년 11월 16일, pp.47－52.

「북한으로의 귀환희망자 송환문제 처리방침」

「1. 지금까지 정부는, 북한정부와 어떠한 식으로든 관계를 가지는 것은 한국과의 국교관계를 우선적으로 해결한다는 국가시책에 반한다는 정치적 고려 하에, 재일조선인의 북한귀환문제에 대해서도 (가) 집단적 귀환에는 반대한다, (나) 정부는 어떠한 형식으로도 원조를 하지 않는다, (다) 히지만 인도적 견지에서 볼 때 귀환을 완전히 저지할 수는 없기 때문에, 한국을 자극하지 않는 범위 내에서 소수의 인원이 자신의 부담으로 출국하는 경우 한해서는 굳이 반대하지 않는다는 입장을 취해왔다.

2. 다만 북한으로의 귀환희망자의 대부분이 생활 빈곤자로 귀환여비를 스스로 충당할 능력이 없는 자들이기 때문에, 그들의 귀국은 사실상 불가능하다. 따라서 정부는 본 건에 해당하는 사례를 실현시키는데 있어 제1항목에서 지적한 정치적 입장을 견지하는 것은 지극히 어려운 상황이다.

3. …(먹으로 삭제됨)… 또한, 이번에 귀국을 실현시킴으로써, 북한을 비롯한 공산권 제 지역으로부터 우리 동포들의 귀국을 촉진시킬 수도 있음은 물론이고, 그 송환방식 또한, 재일중국인의 경우와 같이 일적이 담당하도록 한다면, 한국과의 관계에서 예상되는 정치적 마찰도 어느정도 회피할 수 있으리라 사료된다. 이 경우 정부로서도 다소 부담을 가지지 않을 수는 없지만,

귀환희망자를 북한으로 송환시키는 것이 크게 볼 때 유리하다. 따라서 별도로 첨부한 귀환절차요강(안)에 따라 귀환을 실시하고자 한다.

「송환절차요강(안)」

1. 본 송환 건은 관계 각료들의 양해 하에 일적이 책임을 지고 수행하도록 한다.

2. 관계 각료들의 양해 하에 귀환희망자의 국내 운송(운수성) 및 집결(후생성)에 수반되는 제 경비는 일본 정부가 부담한다.

3. 관계 사무국 간에는 송환실시에 필요한 구체적인 안을 협의·작성하되 이에 대한 기본방침은 다음과 같다.

　(1) 일적은 북한 적십자 중앙위원회를 상대로 다음과 같은 사안을 교섭한다.

　　(가) 송환 대상자는 생활 빈곤자에 한정할 것.

　　(나) 송환자들을 수용할 것인가의 여부에 대한 북한 측의 의향을 확인할 것.

　　(다) 송환은 재일본조선인총연합(조총련)이 제출할 귀환희망자명부에 근거해 실시할 것.

　　(라) 북한의 조적 측은 일본 측이 지정하는 항구에 송환선을 파견할 것(일본 측이 이를 부담할 이유는 전혀 없음)

　(2) 일적은 조총련을 상대로 제반 조건에 대한 협력

을 요청하며, 각 소요항목에 대해서는 그 정확한 실시를 보장하기 위해 문서를 교환하도록 한다.

    (가) 조총련은 생활빈곤자 중 북한으로의 귀환을 희망하는 자를 조사해, 귀환희망자 전원의 명부를 작성하고 이를 일적에 제출한다.

    (나) 명부에 기재되지 않은 자는 금번의 절차에 따른 북한귀국을 일절 허용하지 않는다.

    (다) 최종 송환기일을 정하고, 그 후의 송환은 일절 허용하지 않는다.

    (라) 유골의 송환문제는 본건과 분리해 별도로 검토한다.

    (마) 송환선은 적십자선으로 하며, 일적 직원을 제외한 조총련 일조협회등 관련 단체의 대표가 각종 후원이나 감독 또는 유골지참자 등의 명목 등으로 승선해 왕복하는 일은 인정하지 않는다.

4. 외무성은 본건의 실시과정에 대해 사안마다 주일한국대표부에 통보한다.

5. 입국관리청은 조총련이 발급하는 '귀환증명서'에 출국조인을 한다.

（원문）

「北鮮への帰還希望者の送還問題処理方針」

「1. 従来, 政府は北鮮政府との間に何らかの関係を
もつころは, 韓国との国交関係を優先的に解決せん
とするわが国策に反するとの政治的考慮から, 在日
朝鮮人の北鮮帰還問題についても, (イ)集団的帰還
に反対する, (ロ)政府はいかなる形式においても援
助を与えない, (ハ)しかし, 人道的見地からその帰
還を止めだてする筋合いではないから, 韓国側を刺
激しない程度において自己の負担で, 三々五々出国
する分には, あえて反対しないとの立場をとって
きた。
2. しかるに, 北鮮への帰還希望者は, その大部分が
生活困窮者にして, 帰還旅費自弁能力なき者である
ため, その帰国は事実上, 不可能な実情であり, した
がって政府がこれまでどおり, 1項記載の政治的立
場を堅持するにおいては, 本件実現はきわめて困難
な状況にある。
3. …(黒塗り)
また, これを帰国せしめることによって, 北鮮をは
じめ共産圏諸地域からのわが同胞の帰国をも促進

し得ることも考えられるばかりではなく, その送還にあたって, 在日中国人送還の場合のごとく, 日赤に担当させれば, 韓国との関係において予想される政治的摩擦もある程度回避できると考えられる。この際, 政府において多少の面倒をみても帰還希望者を北鮮へ送還することが大局上有利である。よって, 別項帰還手続要綱(案)により送還を実施するものとする。

送還手続要綱(案)

1. 本件送還は, 日赤の責任において行わしめることとし, 右につき関係閣僚の了解を取り付ける。
2. 帰還希望者の本邦内輸送(運輸省)および集結(厚生省)に伴う諸経費は日本政府において負担することとし, 右につき関係閣僚の了解を取りつける。
3. 関係事務局間において, 送還実施具体案を協議作成することとするが, 右に対する基本的方針は, 次のとおりとする。
　　(1) 日赤は北鮮赤十字社を相手として左の諸件について交渉する。
　　(イ) 送還の対象者は生活困窮者のみとする。
　　(ロ) 送還者受入れの可否につき北鮮側の意向を

問い合わせること。

(ハ) 送還は在日本朝鮮人総連合会(総連)の提出する帰還希望者名簿に基づきこれを実施する。

(二) 北鮮赤十字社は日本側の指定する港に送還船を派遣すること(日本側が負担する筋合いではない)

(2) 日赤は総連を相手として左記諸件について協力を求め, 各所要項目については実施の正確を期するため, 文書を交換する。

(イ) 総連は生活困窮者にして北鮮への帰還を希望する者を調査し, 帰還希望者全員の名簿を作成の上, 日赤に提出する。

(ロ) 右名簿記載以外のもののこの手続きによる北鮮への帰還は一切認めない。

(ハ) 最終の送還期日を取決め, それ以後の送還は一切打切ることとする。

(二) 遺骨の送還については本件と切離し別途検討する。

(ホ) 送還船は赤十字船とし, 日赤職員を除き, 世話人監督等, あるいは遺骨棒持人等いかなる名目なるを問わず総連, 日朝協会等諸機関の代表が来船し, 往復することを認めない。

4. 外務省は本件実施の過程において, その都度, こ

れを駐日韓国代表部に通報する。

5. 入国管理庁は, 総連の発給する「帰還証明書」に出
国証印する。」

하지만 평양회담이 시작되기 직전에, 일본정부 내에
서는 북한잔류 일본인들을 태우고 올 선박에 재일조선인
귀국희망자를 태워 보낸다는 계획안은 폐기한다는 데 의
견 일치가 이루어졌다. 재일조선인의 북한귀환을 일본과
북한 양 적십자 간의 교섭만이 아니라, 적십자국제위원
회의 관여 하에 해결한다는 구상이 1955년 말경부터 시
마즈 일적사장과 이노우에 외사부장에 의해 추진되고 있
었기 때문이다.

저자 | 테사 모리스 스즈키 *Tessa Morris-Suzuki*

Tessa Morris-Suzuki is Professor of Japanese history in the College of Asia and the Pacific, Australian National University. Her current research focuses on border controls, migration and minorities in Japan, and on issues of historical conflict and reconciliation between Japan and its Asian neighbours. Her recent books include

The Past With in Us : Memory, Media, History(Verso, 2005), Exodus to North Korea : Shadows from Japan's Cold War(Row man and Little field, 2007)and Border line Japan : Frontier Controls and Foreigner sin the Postwar Period(Cambridge University Press, 2010)

현재 호주 국립대학교(태평양아시아학부) 교수. 1951년 영국에서 태어나 브리스톨 대학을 거쳐 바스 대학에서 박사학위를 받았다. 전공은 일본경제사, 사상사. 1981년 호주로 이민가기 전에 일본에서 거주하며 연구를 했다. 우리나라에서 번역 출간된 저서로는 『우리 안의 과거』, 『변경에서 바라 본 현대』, 『일본의 아이덴티티를 묻는다』, 『일본의 경제사상』, 『북한행 액서더스 - 그들은 왜 북송선을 타야만 했는가?』 등이 있다.

감수자 | 남기정

　　서울대 외교학과 졸업 및 동대학원 석사. 동경대 대학원 국제관계학 전공 정치학 박사. 고려대 평화연구소 연구원, 일본 도호쿠(東北)대 법학부 교수, 국민대학교 국제학부 교수 역임. 현재 서울대학교 일본연구소부교수. 지은 책으로『의제로 본 한일회담』(선인(공저), 2010), 『朝鮮半島の和解・協力10年』(お茶の水書房(공저), 2009) 등이 있고, 옮긴책으로는『북조선: 유격대국가에서 정규군국가로』(돌베게(공역), 2002)가 있다.

번역자 | 박정진

　　동국대 정치학과 대학원 북한정치 전공 석사. 동경대 대학원 총합문화연구과 국제관계학 전공 정치학 박사. 현재 서울대 일본연구소 HK연구교수로 재직. 지은 책으로는『帰国問題は何だったのか：封印された日朝関係史』(편저, 2005),『의제로 본 한일회담』(공저, 2010)가 있으며, 옮긴 책으로는『일본 전후 정치사: 일본 보수정치의 기원과 전개』(2006),『북한의 군사공업화』(공저, 2009)가 있다.

○ IJS 서울대학교 일본연구소
Reading Japan **1**

봉인된 디아스포라
Exodus to North Korea Revisited

재일조선인의 '북한행 엑서더스'를 다시 생각한다
The Repatriation of Ethnic Koreans from Japan

초판인쇄 2011년 07월 23일
초판발행 2011년 07월 30일

기　　획 서울대학교 일본연구소
저　　자 테사 모리스 스즈키(Tessa Morris-Suzuki)
감 수 자 남기정
번 역 자 박정진
발 행 처 제이앤씨
발 행 인 윤석현
등　　록 제7-220호

주　　소 서울시 도봉구 창동 624-1 북한산현대홈시티 102-1206
전　　화 (02)992-3253(대)
전　　송 (02)991-1285
전자우편 jncbook@hanmail.net
홈페이지 http://www.jncbms.co.kr
책임편집 김진화 이신

ⓒ 서울대학교 일본연구소 2011 All rights reserved. Printed in KOREA

ISBN 978-89-5668-863-3 04910　　　　**정가** 6,000원